DU MÊME AUTEUR

Aux Éditions Gallimard

UNE ÉDUCATION ALGÉRIENNE, 2007. Collection Témoins.

UNE FEMME EN COLÈRE

LETTRE D'ALGER AUX EUROPÉENS DÉSABUSÉS

WASSYLA TAMZALI

UNE FEMME EN COLÈRE

Lettre d'Alger aux Européens désabusés

GALLIMARD

À ma grand-mère N'Fissa,
musulmane pratiquante, voilée de blanc et de tendresse.

« L'impératif catégorique de Kant, "la loi morale en nous et le ciel étoilé au-dessus de nous", apparaît sous un jour nouveau quand on apprend qu'à sa mort à l'âge de quatre-vingts ans, on constata que les sutures de son crâne étaient encore ouvertes. »

DURS GRÜNBEIN,
Galilée arpente l'enfer de Dante,
L'Arche, 1999.

SOMMAIRE

Repères

De toutes les questions en débat aujourd'hui dans le *dialogue des cultures*, comme on a coutume de dire dorénavant, celle des « femmes musulmanes » est celle qui revient le plus souvent au point d'en occuper tout l'espace et de devenir l'emblème du rapport entre les mondes occidental et musulman. Elle ouvre sur des controverses nourries par une actualité faite d'images violentes et d'opinions paradoxales.

C'est en tant que femme appartenant à une société de tradition musulmane que je souhaite m'exprimer ici. Si j'insiste sur cette « identification », je mesure en même temps l'ambiguïté d'une telle démarche compte tenu des nombreuses occasions où, seule ou collectivement, j'ai déclaré être laïque et libre-penseur. Je choisis néanmoins de me définir ainsi pour, comme en matière de procédure, avoir accès au dossier lourd et complexe de cette polémique qui s'apparente étrangement à une guerre des *religions*.

Avec des intentions louables parfois, ou avec l'espoir de construire une mondialisation *a minima*, on tente de réduire les divergences profondes qui sont au cœur de cette controverse, relatives à la place de la religion, à la liberté de pensée, à la liberté de conscience, au statut des personnes et tout particulièrement au rapport entre les sexes. C'est à ces fins que l'on a imaginé un dialogue entre les cultures. « On » : tout d'abord les politiques et leur engouement pour les grandes messes. Le dialogue des cultures a enflé en alliance des civilisations, sans pour autant progresser.

Cette démarche de *real politik* a été de tous temps propre à la diplomatie. Ce qui surprend dans cette affaire, c'est l'attitude d'intellectuels, de militants, de gauche très souvent, en Europe, et particulièrement en France où l'on affectionne ce genre de débat; c'est leur adhésion à des idées ou à des mouvements qui ont en commun de légitimer des approches antiféministes et de proposer en matière de droits de l'homme des discours misérabilistes. Les exemples d'une telle dérive sont nombreux dans la gauche radicale aujourd'hui. Le troisième Forum social européen, qui s'est tenu à Londres en octobre 2004, plateforme de la gauche radicale européenne, a été une vitrine pour les islamistes. Le féminisme islamique (*sic*) occupait toute la place de la question des femmes. Les quelques féministes françaises qui s'y étaient aventurées n'ont pas osé ouvrir la bouche. L'année suivante, à Bobigny, le quatrième congrès invita en grande pompe Tariq Ramadan, reconnu comme le leader des musulmans modérés par les uns, et comme islamiste *très intelligent* par les autres. Les représentantes de Ni Putes Ni Soumises ont été refoulées et privées de parole. Nous aussi, par la même occasion.

Ces trahisons ne sont pas nouvelles : tel un président de la République française (Jacques Chirac) en visite officielle déclarant, dans un pays du Maghreb où les droits de l'homme sont journellement bafoués et leurs défenseurs emprisonnés ou harcelés, que le premier des droits de l'homme est le pain. Bien avant lui, en pleine décennie des Femmes (1975-1985), devant la communauté internationale fascinée par son « authenticité », accentuée par des costumes haut en couleur, le leader charismatique du mouvement Indigenous d'Amérique latine, Rigoberta Manchù, affirmait que le féminisme est la dernière forme du colonialisme ; et d'autres signes avant-coureurs annonçaient déjà les dérives des visions culturalistes et différentialistes. Le post-colonialisme, élaboré par des intellectuels appartenant aux pays anciennement colonisés de l'Empire britannique, connaît aujourd'hui une version bien française, qui ajoute à la confusion des idées en convoquant nos mémoires encore endolories. Nous nous trouvons ainsi pris dans un méli-mélo de ressentiments, de fausses indignations et de vraies discriminations. Les revendications des uns, les alliances et mariages contre nature entre les uns et les autres, entretiennent un désordre dont les seuls gagnants sont les islamistes. Leur idéologie fondamentaliste et leurs violences sexistes acquièrent dans ce magma des temps modernes quelques *vertus*.

Le respect de l'autre n'est pas une affaire si simple. Une floraison de concepts ont été forgés pour soumettre la culture à de multiples figures : l'interculturalité, la multiculturalité, le métissage culturel, la transculturalité, sans oublier l'ultime forme de nos tâtonnements, le post-colonialisme qui réduit à la *culture* et à ses représentations fantasmées le rapport au monde des ex-colonisés.

De tout temps la question de la présence d'*étrangers* en Europe s'est posée, mais à présent elle se pose différemment pour au moins deux raisons. Tout d'abord, l'installation définitive et consentie en Europe de populations venues d'ailleurs et de religions différentes, plus précisément les populations maghrébines et musulmanes. Et puis, deuxième raison qui nous intéresse tout particulièrement ici, la disparition d'une *vérité* sur le fondement religieux de l'identité européenne et l'émergence d'une conscience européenne ouverte sur le monde, débarrassée des scories impérialistes et de toute ambition ethnocentriste. La nécessité de faire vivre ensemble des populations dont l'histoire et les mœurs sont totalement différentes, voire antinomiques, est devenue une préoccupation politique et citoyenne centrale de la vie européenne. Dans le même temps, les revendications agressives de certains groupes liées à leur appartenance confessionnelle ont entamé l'indifférence de la société française et européenne vis-à-vis du religieux, si bien que le débat sur la religion a envahi l'espace public, faisant de la différence religieuse un critère d'appartenance revendiqué par tous, croyants ou pas, pratiquants ou pas, dévots ou pas. Les controverses sont plus que vives et elles mettent à nu un vrai désarroi chez les musulmans européens qui souhaitent vivre leur religion dans le cadre d'une vie moderne et républicaine, et chez les Européens sincèrement ouverts aux autres.

Rappelons que l'immigration était déjà problématique il y a un siècle — on se souvient des exactions commises dans le sud de la France contre les Italiens et les Espagnols. Aujourd'hui, elle l'est d'autant plus qu'elle concerne des populations étrangères à l'Europe. Et même si elle a évolué — du dortoir collectif aux citées *radieuses*, des vendeurs de sommeil à la bienveillance de certains édiles, de l'exploitation à la discrimination positive, du cantonnement aux métiers sales et subalternes aux carrières fulgurantes et spectaculaires de certains d'entre eux —, la situation des émigrés et leurs rapports avec la population d'accueil n'en restent pas moins marqués par les discriminations et le racisme.

Contre ce racisme persistant, *intolérable* aux yeux de certains, une riposte fut imaginée : la tolérance, belle et noble idée. Certains firent la fine bouche en flairant une odeur de bénitier, mais dans l'ensemble nous fûmes nombreux à nous emparer de cette alternative. La tolérance était le signe de l'évolution des sociétés européennes, du recul pris par rapport aux attitudes réactionnaires et nationalistes que charriait inéluctablement la défense de *l'identité nationale*. Ceci m'avait frappée lors d'une session de l'université d'été de la Complutense de Madrid. Nous étions réunis à l'ombre d'el Escorial, ce palais austère construit par le fils dévot de Charles Quint, Philippe II, qui avait, pour l'amour du Christ, déporté les derniers descendants des musulmans de l'Andalousie dans une province du nord de l'Espagne. « Si Philippe II était parmi nous, il serait étonné et choqué, de l'intérêt que les jeunes Espagnoles portent aujourd'hui aux *moros*, aux musulmans », ai-je expliqué aux jeunes femmes qui m'écoutaient et dont l'inquiétude portait plus sur le respect de la *culture* des femmes émigrées marocaines que sur les moyens de les intégrer et de les faire profiter des conquêtes des femmes espagnoles. Cette tolérance vis-à-vis des autres cultures est particulière à l'Europe et ne se retrouve guère ailleurs, notamment dans le monde musulman où les étrangers, dans le meilleur des cas, sont contraints de rester invisibles et où aucune place ne leur est faite dans l'espace public : disparition progressive des lieux de culte réduits à leur strict minimum, interdiction de la viande de porc, vente d'alcool très surveillée, etc. À la demande de l'Arabie Saoudite de construire une mosquée à Genève, les Suisses ont répondu, avec à-propos, qu'ils accepteraient bien volontiers, à condition de pouvoir en échange construire un temple en Arabie.

Cette expérience de la tolérance m'intéresse d'autant plus qu'elle permet d'aborder la question de l'identité, sujet central de ce texte. Elle met à mal l'idée d'une *vérité* en matière d'identité nationale ; dans certains pays européens, en France par exemple, le discours sur la nation se décline autour du problème des sans-papiers, des migrants, des visas, des frontières, du respect des cultures, et non plus, comme au temps de Charles Maurras, dans une vision sublime de soi. Ce type de discours en politique, tabou dorénavant, n'est osé que par les partis d'extrême droite ou par ceux qui s'aventurent sur leur terrain électoral.

Mais le diable est dans les détails. Le recours intempestif à la tolérance ne suffit pas à répondre à la question du vivre ensemble. La tolérance à la française est devenue un avatar du relativisme culturel. C'est là le point de discorde avec les féministes du Sud. Qu'en est-il de l'égalité des sexes au regard de la tolérance ? Pour bien comprendre le sens de cette question, je la repose au sujet de l'esclavage. La différence culturelle ne peut jamais justifier cette pratique, même si elle est inscrite dans le Coran ou dans des pratiques culturelles. Or en France, en Espagne, en Italie, le traitement sexiste des femmes est *toléré* quand il est revendiqué et pratiqué par des populations venues d'ailleurs.

Le grand sommet sur les discriminations, organisé par

la présidence française de l'Union européenne à Paris le 5 septembre 2008, a été révélateur à cet égard. Sur les prospectus distribués pendant la conférence, la « diversité » européenne était représentée par une femme voilée, et la seule évocation de discriminations à l'égard des femmes était illustrée par un petit film où une jeune fille, voilée en orange, minaudait devant une commission du Parlement européen sur son désir d'être moderne, de participer au développement de l'Europe, « pourvu que son voile ne lui en interdise pas l'entrée ». Cette jeune fille était donnée pour un bel exemple de civilité et, à travers elle, les islamistes dits modérés, plus démocrates et plus libertaires que ces acharnées féministes qui voient des offenses partout ! Invitée à m'exprimer à la fin des travaux sur l'ensemble de la conférence, j'ai dit que j'avais la crainte de ne pas être entendue. C'est là que j'ai pris conscience qu'à présent j'étais invisible dans le paysage politique. Pis : que je n'avais plus de nom. J'étais l'*innommée*. Ce que j'étais, ce qu'étaient les femmes de mon pays, du Maghreb, des pays arabes, qui luttent pour l'égalité des femmes et des hommes sans restrictions, fussent-elles au nom de la religion, avait disparu de la palette des représentations de la communauté internationale. Nous avons été gommées du paysage politique parce que devenues encombrantes dans la grande fête de réconciliation des cultures à laquelle nous convoquaient régulièrement les stratèges politiques pour bâtir un monde nouveau !

Il est peut-être encore temps de nous faire entendre et dire qui nous sommes. Ce qui n'est pas aisé. Être de culture musulmane, laïque, libre-penseur et féministe, voilà une « bizarrerie » qui ne s'explique pas aisément, qui peut même paraître provocatrice, et pas seulement à ceux qui font de l'apostasie un interdit absolu de l'Islam. Il ne s'agit pas d'une provocation stérile. Cette bizarrerie concerne de nombreuses femmes et hommes *issus* ou *de* culture musulmane qui vivent dans leur pays d'origine ou en Europe. Pour ces hommes et ces femmes du XXIᵉ siècle, il s'agit de savoir comment penser la dualité musulman/laïc et libre-penseur.

Il est important pour nous de mettre cette question en débat à un niveau global, et plus précisément entre les Européens et nous, à partir d'un espace méditerranéen commun qui a valeur d'exemple : celui de l'affrontement de la pensée grecque et/ou laïque et du monothéisme. Plus qu'une guerre des cultures, nous vivons l'affrontement entre un monde qui est resté plongé dans le sacré et un monde qui est sorti du religieux. Être une féministe laïque, musulmane et libre-penseur, c'est être exactement à l'épicentre de cette rencontre tectonique.

1

Une femme musulmane

Qui suis-je encore ?

Je l'ai dit, j'en suis arrivée, quand je parle de moi,
à dire que je suis l'*innommée*, celle qui n'a pas de nom.
Innommée avec deux *m*, à ne pas confondre avec *innominée*, un seul *m*, dont je découvre avec jubilation le
sens : la face innominée est la face cachée de l'os iliaque.
Innommée, innominée, sans nom et cachée. Pour certains, innommable.

Il y a encore quelques années, quand je devais
m'identifier, je disais : « Je suis Algérienne. » Se mettait en branle une suite de séquences dans lesquelles je
prenais place avec toutes les femmes de mon pays,
celles des campagnes, celles des villes. Défilaient
devant chacun les maquisardes, les héroïnes, les Djamila (Djamila Boupacha dont le nom est lié pour toujours à celui de Simone de Beauvoir), les images de
liesse de l'indépendance, la foule des femmes d'Alger
debout, cheveux au vent pour les plus jeunes, voile
blanc rabattu sur les hanches pour les autres, toutes,
le visage découvert, éclatantes de joie et de fierté, libé-
rées du colonialisme ; les femmes algériennes, un sym-

bole du tiers-monde triomphant, au coude à coude avec leurs hommes. Ces images nous collaient à la peau, on nous donnait la Révolution sans restriction et, en conséquence, le droit à la liberté pour tous et l'égalité aux femmes. Pulvérisée l'image de la campagnarde voilée qui suit à pied son mari, confortablement monté sur un mulet. Oubliées les mille représentations charriées par la scène orientaliste : *turques, orientales, musulmanes, juives, mauresques, arabes, sultanes, odalisques, houris de Mahomet, grisettes, géorgiennes, créatures nonchalantes, prisonnières* — une liste de dénominations retrouvée dans le catalogue du Louvre sur tableau de Delacroix, *Femmes d'Alger dans leur appartement*, et qui donne une idée du regard de l'autre sur soi.

Et moi, jeune femme avec toutes mes « différences », ni l'une ni les autres, ayant définitivement échappé à ce regard, je m'inscrivais dans une idée nouvelle et généralement admise de ce qu'était, pouvait être, ou devenir une femme algérienne. Certes, il y avait bien quelques questions, Oui, je suis Algérienne, non pas pied-noir, « arabe » comme vous dites. Non, je ne parle pas l'arabe. Oui, j'ai toujours vécu en Algérie. Oui, ma mère est espagnole. Je m'empressais d'ajouter : « Je ressemble à mon père », de peur d'entendre : « Ah bon ! », et de voir mon pays réduit à une affiche de l'Exposition coloniale. Mais disons que, dans l'ensemble, il était aisé pour mes interlocuteurs européens de revenir sur mon terrain, me voir, me parler, m'entendre comme une femme de ce pays, et d'accepter l'idée qu'après tout ils n'en savaient pas tout.

Dorénavant, on me regarde avec suspicion, on ne m'accorde plus d'emblée la légitimité de parler en tant que *femme algérienne.* Sur ce que je suis, s'abat une chape de plomb, une identité toute faite, emballée dans la religion. Je suis un palimpseste sur lequel les images des femmes cheveux au vent ont été effacées par celles de femmes voilées. Mon histoire est indéchiffrable.

Mes amies féministes subissent le même sort. On nous désigne désormais, presque toujours, comme *femmes musulmanes.* Ce vocable a remplacé peu à peu *femmes arabes,* aussi rudimentaire et réducteur. Exemple : nous sommes des femmes musulmanes invitées à débattre de nos situations respectives avec des Européennes, dira ce président de séance, dans une petite ville du sud de l'Italie où se tient le énième et inutile colloque sur le dialogue culturel en Méditerranée. Il veut comparer l'incomparable, un adjectif, « musulmane », qui s'écrit avec un *m* minuscule, et renvoie à une représentation mêlant un folklore qui aurait résisté à l'Histoire et une croyance qui s'affiche à travers des mœurs violentes, à un nom, « Européenne », qui renvoie à une histoire. D'une part, une histoire européenne conservée à travers le temps sur chacun de ses parchemins, et d'autre part une généalogie algérienne estompée par oblitération.

*m*usulmans et Européens, *a*rabes et Européens. Eux et nous. Nous voilà engagés dans un dialogue irréalisable, eux, portés par des siècles d'histoire, et nous, femmes et hommes algériens, maghrébins ou arabes, dépouillés de notre histoire. Eux, dans une histoire qui va dans le bon sens, et nous dans un présent qui n'aurait pour objet que de remonter le temps. Dans ce rapport-*là*, et à mon corps défendant, je suis sommée de dire qui je suis.

Comme tout le monde, je trimbale une identité avec ses imperfections d'usage, pour reprendre Walter Benjamin, « un vase brisé et recollé », dont il faudrait dire les courbes, les mélanges, les trous, les rugosités, en un mot décliner les histoires qui s'y sont inscrites. Qu'importe ! Mes interlocuteurs, oubliant leur propre complexité, me harcèlent de questions péremptoires — *musulmane ? citadine ? francophone ? bourgeoise ?* — qui transforment de simples qualificatifs en redoutables déterminatifs. Plus je suis requise de dire qui je suis, plus je rencontre de difficultés à me nommer.

Il est de plus en plus clair que mes interlocuteurs européens attendent que s'exprime sous la dénomination « femme algérienne », une « arabe » et une « musulmane » dont ils ont une idée bien arrêtée. Faudrait-il dorénavant être voilée pour être vue ? Oubliant que ce sont eux qui sont extérieurs à mon monde, ils m'interrogent et s'interrogent sur mon *extériorité* à ce pays, que je *prétends* représenter, pensent-ils — et, à la manière dont ils me regardent, je sens bien qu'ils me jugent extérieure à mon monde, parce que je leur ressemble.

Je réalise que le dialogue que j'entretiens avec eux depuis de si longues années est basé sur des malentendus. Cela tient sans doute à la promiscuité dans laquelle nous nous trouvons, à ma connaissance de leur culture et de leur histoire. Je les connais mieux qu'ils ne me connaissent. Aussi loin que je fasse remonter mes pensées, mes engagements politiques, à commencer par le temps de la guerre pour l'indépendance de l'Algérie, ils ont été ma référence. L'introduction de Sartre au livre de Frantz Fanon, *Les Damnés de la terre*, et *Le Deuxième Sexe* de Simone de Beauvoir ont éclairé mon itinéraire intellectuel et politique.

Sartre, Fanon, Simone de Beauvoir, et puis Gide. Il nourrissait ma révolte contre les conventions familiales, ses mots étaient plus brûlants que le soleil. C'était l'été 1958, je révisais le bac sans lâcher très longtemps *Les Nourritures terrestres*. Par sa recherche exigeante de la vérité, il m'éveillait avant l'heure à l'importance du combat contre les Églises, la religiosité et la bigoterie. Toutes choses qui m'avaient échappé jusque-là : j'étais plongée dans un Islam bon enfant et tolérant avec lequel ma tradition familiale avait depuis longtemps négocié pour légitimer ses appétits de modernité.

Je pourrais ajouter d'autres noms, d'autres livres dans lesquels je réinventais ma vie hors des limites de ma province, enchantée mais confinée. Je terminerai par Albert Camus, Camus le Français, Camus l'Algérien. Nous étions en pleine guerre d'indépendance, nourris d'héroïsme et de nationalisme, et lui, contre la logique de la guerre, fût-elle de libération, essayait vainement de nous dire que si la violence est parfois nécessaire, elle n'est jamais justifiable. Après cette guerre, avait confié un vieux Kabyle à Bourdieu, « personne ne pourra dire qu'il est un homme ». Cette violence-là, enfouie dans notre mémoire, dont personne ne veut, ne peut parler, poursuit sa route en nous comme un fleuve fait son lit. Une leçon que je médite dans les heures de découragement, lorsque défilent les victimes de toutes mes guerres d'Algérie, jusqu'à celle des années 1990, quand nous nous battions frères contre frères, faute d'avoir un ennemi étranger pour exorciser la violence qui est en nous et justifier l'âpre course au pouvoir. Et toujours, l'image de mon jeune père assassiné en pleine guerre de libération, par un enfant de sa ville. De ma ville. Un enfant de dix-sept

27

ans. On lui avait dit : « Si tu veux monter au maquis, va tuer cet homme. » Ce geste terrible devait faire de lui un homme libre. Pour lui et pour moi, c'était l'inscription de la mort à la racine de l'être et de la vie. Une identité algérienne partagée, entre lui et moi, entre moi et le pays libéré. Une appartenance à vie. À la vie, à la mort. Pourrais-je, même si je le voulais, être *extérieure* ?

Cette extériorité, dont ils m'accablent, me renseigne mieux sur mes amis européens, de gauche pour la plupart, que n'importe quel discours, et me ferait sourire s'il n'en allait pas de mon humanité. Ainsi, les héritiers des Lumières reprennent à leur manière la question : « Peut-on être Persan ? » Leur réponse est : « Non. » Oubliant les bonnes manières de l'humaniste et son empathie pour le genre humain, ils sont nombreux à renier le long travail de *nos* prédécesseurs. Je dis « nos » car nous, intellectuels du Sud, féministes et défenseurs des droits de l'homme, nous nous sommes appropriés ce long travail de la pensée qui libéra l'homme, et avons fait nôtres les idées sur l'unicité de tous les êtres humains, hommes et femmes, persans ou non, bien conscients que la remise en cause de l'utopie universaliste nous entraînerait vers une question impossible : aujourd'hui, qui sommes-nous *encore* ? Pour certains de *mes-amis-européens-intellectuels-de-gauche-pour-la-plupart*, la réponse est claire : je suis un *clone* de la civilisation occidentale, un sous-produit, particulièrement de la France dont j'utilise la langue. Je croyais que notre rapport était exposé à *l'altérité*, alors que j'avais été purement et simplement annexée. Arasée. Et plus je m'explique, usant des idées, des mots qu'ils considèrent comme leur propriété, plus je deviens inaudible. Familière et étrange, je suis un *écueil* qu'ils ne peuvent dépasser qu'en laissant de côté l'encombrante question : qui est-elle ?

Qui je suis ? La réponse à cette question ne peut se donner que lentement, patiemment, comme on déroulerait un parchemin recouvert d'une longue fresque étirant dans le temps et l'espace, sans rupture, une histoire. Mon histoire, mes histoires.

Ce pays auquel j'appartiens

Qui peut prétendre vivre sans *communauté* ? Diverses et multiples, nous ne cessons de sortir des unes pour nous plonger dans d'autres. Les villes sont faites de tribus, ayant chacune ses codes, que l'on peut choisir, quitter à sa guise. Mais il en est une plus possessive, archaïque, antique, dans laquelle nous sommes inclus à la naissance, et qu'il est difficile de quitter : la communauté des origines recroquevillée sur ses *enfants*, jalouse et possessive. Elle referme sur nous ses mains griffues. Celles et ceux qui ont fait le choix d'échapper à son emprise savent qu'il faut pour cela entreprendre un long et dur travail de désacralisation de la terre des ancêtres. Sortir de son identité *meurtrière* pour reprendre les mots d'Amin Maalouf, se délester de ses bagages, sauter dans le train de l'aventure humaine. De l'arbre des origines devenir pirogue et voguer.

Difficile pour tout le monde, un peu plus pour nous, ex-colonisés, avec nos identités grandies dans le carcan des luttes de libération où tous les efforts de l'être étaient dirigés *contre* l'ennemi, où l'on était sommé de s'inclure et se dissoudre dans la communauté des frères pour faire front contre lui. Une exigence inflexible qui marque encore de sa pesanteur la concurrence douloureuse entre l'*appartenance* et le désir de liberté qui est le propre des décolonisés. J'envie ceux qui sont dans la légèreté de l'être. Adolescente, et jeune femme, quand je venais à Paris, je suivais, longuement, avec tristesse et le sentiment d'être exclue, sans savoir de quoi, les jeunes gens qui marchaient sur les trottoirs de la ville ; j'étais exclue de la légèreté de la vie, mais je ne le comprenais pas encore. Il n'a pas été facile pour moi de rompre les amarres, je l'ai fait beaucoup plus tard. Il m'a fallu couvrir les murs de ma chambre de sentences, pour moi et mes visiteurs : l'arbre a des racines, l'homme a des jambes ; se méfier du sentiment grégaire de la fraternité née des jours lumineux de la libération du pays ; refuser de taire et de cacher les monstres lovés dans les plis et les replis de ce *nous* communautaire auquel je serais toujours confrontée. Et encore d'autres mises en garde plus intimes. Une maïeutique laborieuse pour un résultat ambigu. Chaque fois que j'entends prononcer les mots « arabe », « musulman », je me retourne, je tends l'oreille, je deviens plus attentive et un peu paranoïaque, je pense : « Tiens, on parle de moi. » Je reste ligotée à cette communauté de *musulmans*, en mon for intérieur et par le regard de l'autre, quelles que soient les précautions de langage et le travail de rationalité que j'accomplis. Comme les juifs restent juifs. Et, aussi douloureuse qu'ait été cette sortie du carcan communautaire, aussi scandaleuse qu'elle puisse paraître aux yeux de certains, je sais que je n'ai ni coupé les ponts, ni tranché les liens : j'ai fait un pas de côté. Colette disait, depuis la fenêtre de son appartement parisien, contemplant le jardin du Palais-Royal, et parlant de la Puisaye : « J'ai quitté ce pays auquel j'appartiens. » Pour moi, je dirai que j'ai fait un pas de côté, que c'est ma manière d'appartenir à mon pays, que je vois de ma fenêtre de la rue Didouche à Alger, ou de Paris, indifféremment d'une maison à l'autre. « Vous voyagez beaucoup ! » me dit-on souvent. Non, je ne voyage jamais, je nomadise. Une nomade ne sait aller que d'un de ses campements à l'autre, retrouver cette part de soi qui ne peut être déplacée ni abandonnée. Aussi, je ne trouve plus le temps de voyager, je dois consacrer tout mon temps à aller d'une nécessité à l'autre, d'un besoin à l'autre pour nourrir cette *identité* que je capture par morceaux, et qui m'échappe dès que je relâche ma vigilance.

La difficulté est de trouver la bonne distance. Être trop loin, c'est être ailleurs et d'ailleurs, être trop près, c'est ne plus être. Pendant de longues années, cette recherche a rythmé mes allées et venues entre l'Algérie et d'autres pays, construisant l'image romanesque d'une *étrangère* que l'on croisait dans les grandes villes, qui me séduisait plus encore qu'elle ne séduisait les autres. Une image de soi fatale à soi. Une expérience constante de l'exil, des exils, chez soi et ailleurs.

C'est cette difficulté d'être à la bonne distance que j'ai encore expérimentée dans l'aventure du « Manifeste des libertés », commencée en 2004 à Paris avec des femmes et des hommes *issus* ou *de* culture musulmane. La situation de « guerre des cultures » dans laquelle nous étions plongés a fait sortir de leur réserve nombre d'entre nous. Nous étions prêts à affronter notre communauté sur les points les plus sensibles : le sexisme, l'homophobie, l'antisémitisme. Un *coming-out* collectif.

31

Le Manifeste a été l'occasion de rassembler nos démarches solitaires et singulières, de leur donner un sens politique. Nous l'avons fait, tout en sachant que les Occidentaux, avec leur mépris, sont responsables en partie de cet enfermement sur soi et de cette culture du ressentiment auxquels nous étions *communautairement* confrontés, que le projet d'un grand Israël qui avance inexorablement au vu et au su de toute la communauté internationale est le miel dont se nourrissent les prédicateurs incendiaires des mosquées, que les Américains ont envahi l'Irak pour mettre le monde arabe à genoux, que les intellectuels occidentaux, qui nous ont appris les droits de l'homme et l'universalité, sont de plus en plus incapables de les penser au-delà de l'Europe.... Et que, d'une manière générale, on ne nous aimait pas trop.

Qu'importent les autres. Ce qu'ils pensent de nous, comment ils nous voient. Penser *à* nous, penser *sur* nous, nous ne pouvions plus différer ce rendez-vous avec nous-mêmes. Qui sommes-nous ? Pour répondre à cette question, tout d'abord nous devions nous réconcilier avec cette part de notre généalogie : l'Islam familial et familier dans lequel nous avons été élevés, sali aujourd'hui par les prêcheurs machistes et refoulés sexuels, les assassins, les violeurs, les kidnappeurs, et tout le déferlement d'une barbarie que l'on met, d'autant plus facilement, sur le compte de cette religion que les criminels eux-mêmes s'en réclament, et que les autres, ceux qui pratiquent leur foi dans le silence ne disent rien. Cette part de nous salie par la haine installée sur les cendres de la décolonisation et qui fait éructer les islamophobes. Et il nous fallait aussi sortir du nationalisme revanchard et vindicatif, sans perdre cet amour du pays auquel nous appartenons. Pays humiliés par des dirigeants corrompus, tyranniques, veules devant la force occidentale, impitoyables pour leurs citoyens. Sortir du nationalisme sans perdre son âme.

Notre démarche souleva des suspicions de toute part. Dès le départ, nous avions été aux prises avec une question qui reviendra sans cesse, et qui fait le prix de notre engagement : notre appartenance à la culture musulmane. Les discussions entre nous avaient été vives sur le critère de notre regroupement, ce qui, pour la plupart d'entre nous, éloignés des pratiques religieuses, libres-penseurs, agnostiques, athées, et, dans tous les cas, refusant d'être identifiés à un culte, posait un problème. Mais nous sommes arrivés au constat que, *issus de* culture musulmane ou *de* culture musulmane, nous étions sur le même bateau.

Nous ne pouvions continuer à ignorer le fait que nous étions partie liée à tout ce qui était présenté sous le vocable de « musulman ». Certains ont refusé de signer le texte fondateur du Manifeste pour la raison qu'ils ne s'identifiaient pas à la culture musulmane. Je l'ai signé. À ce jour nous sommes des centaines. Certains d'entre nous ont une relation avec la culture musulmane distanciée par leur origines familiales juives ou chrétiennes, mais ils ont signé parce que nés et restés attachés ou liés, d'une manière ou d'une autre, à un pays à majorité musulmane. Notre satisfaction, et l'assurance que nous avions vu juste, c'est que, lorsque nous sommes ensemble, sans théoriser, et dans l'évidence, nous savons très bien pourquoi nous sommes là, nous et pas d'autres.

Mais j'aurais dû commencer par raconter la petite

histoire qui me décida, en dehors de toutes les autres raisons, à rejoindre le Manifeste. Lors d'une négociation pour la paix, dans un pays africain en proie à une guerre inter-ethnique, les belligérants se regroupèrent en six clans. Les femmes demandèrent à former un clan. Les hommes leur répondirent qu'elles figuraient déjà dans chacun des autres clans. Elles refusèrent d'être réparties par appartenance clanique et finirent par faire accepter leurs arguments : elles formèrent le septième clan. Face à un monde où, contre toutes raisons, les élucubrations sur un choc des cultures s'enracinent et renforcent de jour en jour les frontières, où les questions d'appartenance ressemblent à des déclarations de guerre, comme ces femmes africaines, j'ai choisi de n'être dans aucun clan et de construire le mien.

Et pour répondre une première fois à la question sur mon identité, je peux dire que je suis du clan de ces femmes et de ces hommes épris de liberté qui, bien qu'appartenant à un pays et à une histoire, n'hésitent pas à engager un combat contre la culture, les traditions, les mœurs politiques de leurs sociétés quand elles s'opposent à cette liberté. Qui nous sommes ? Des femmes et des hommes engagés auprès de leur communauté d'origine partout dans le monde, et dans leur pays, dans une guerre de tranchées de plus en plus difficile. Si le Manifeste a regroupé des solitaires qui campaient hors leur communauté d'origine, il a donné naissance à une communauté *solitaire* qui expérimente à chaque événement, en chaque circonstance, l'inconfort de sa position, jusque dans un pays démocratique, comme la France. Chez nous, la bigoterie et l'intolérance ont conquis tous les espaces de la vie publique et privée. Tout le long du rivage sud de la Méditerranée, les femmes et les hommes qui résistent au cœur des cités, qui osent revendiquer une identité dégraissée du pathos religieux et nationaliste, ne parviennent plus à s'isoler du bruit assourdissant des discours vindicatifs et des appels à la prière qui recouvrent leurs nuits et leurs jours. Des femmes et des hommes qui se sont libérés de l'arbre des origines, et qui voguent... la galère.

Une identité verrouillée

Mais pour nous, femmes *issues* ou *de* culture musulmane, le travail ne s'arrêtait pas là, il fallait encore affronter notre condition de femme et le patriarcat ordinaire, dispositif renforcé par les logiques communautaristes. Les femmes sont un élément déterminant des procédures identitaires communautaires. N'est-ce pas pour atteindre une communauté au cœur de son identité que l'on viole massivement les femmes en temps de guerre, des femmes belges de la guerre de 1914-1918 victimes des « viols boches » aux musulmanes bosniaques ? Cette fonction est encore plus lourde dans les sociétés post-coloniales. Rappelons que déjà pendant la colonisation, les *femmes musulmanes* ont été l'ultime refuge de l'identité des populations contre l'occupant étranger, particulièrement quand il était français et que sa politique impérialiste consistait à imposer sa culture. Aujourd'hui, les femmes des pays libérés, par des voies différentes, et pour des raisons différentes, sont de nouveau accablées par l'obligation qui leur est faite de porter les signes de l'appartenance de leur société. Ces sociétés, à peine sorties des années sombres du colonialisme, ont été plongées dans celles du ressentiment vis-à-vis de l'Occident et des *valeurs occidentales*, en particulier le féminisme qui se trouve ainsi au cœur de la guerre des cultures.

Si les femmes sont incluses dans ce *tout* qu'elles contribuent à définir, qu'il soit religieux, ethnique, national, dans le même temps elles sont exclues du pouvoir d'agir. Incluses dans le peuple algérien, les femmes algériennes se sont soulevées contre le colonialisme, suivant les modalités mises en place par les hommes algériens. Elles n'ont occupé aucun poste de responsabilité dans la guerre de libération, même quand elles avaient les capacités de le faire. L'indépendance venue, l'exclusion a repris ouvertement ses droits. Cette situation d'incluses-exclues, pour reprendre l'expression de l'helléniste française Nicole Loraux, que les femmes ont en partage selon un dispositif mis en place par le patriarcat, est renforcée ici par sa sacralisation religieuse. Le recours à la religion pour justifier l'avilissement des femmes n'est pas propre aux sociétés musulmanes. Il a fallu attendre le XIe siècle pour que l'Église catholique reconnaisse que les femmes ont une âme. Mais cette infériorisation ici ne s'arrête pas à des considérations d'ordre spirituel ; elle est codifiée dans tous ses détails par des docteurs de la Loi, et c'est cette codification qui a été sacralisée. Les règles de mariage, de divorce, de copulation sont des règles sacrées. La science islamique est devenue une science juridique, une fausse science faudrait-il dire puisque le « savant » n'est jamais libre de sa pensée ni de sa démonstration, et qu'en dernière analyse on le renvoie au texte coranique et aux « dires du Prophète » recueillis dans une longue liste de sentences et d'anecdotes conjoncturelles. La pensée islamique est enfermée dans un carcan matérialiste. L'exégèse des règles jurisprudentielles et le commentaire juridique ont pris le pas sur la lecture du Coran dont le contenu philosophique est rarement sollicité. Ce *matérialisme* du statut des femmes musulmanes est considéré comme une vérité spirituelle et sacrée à laquelle adhèrent passionnément et fanatiquement les sociétés arabes et musulmanes. Les juges égyptiens ont plus d'une fois, dans leurs considérés, énoncé et condamné, comme crime d'apostasie, l'examen critique du statut des femmes dans le corpus juridique musulman.

Ainsi, l'identité *femme musulmane* puise sa définition dans la mémoire coloniale et la passion de l'Islam. C'est une identité verrouillée, sans appel, dont nous ne savons pas grand-chose. Nous restons incapables de dire ce qu'est une femme musulmane. Nous ne pouvons que prendre acte de l'imbrication des discours sur le sujet, et la force avec laquelle ils montent la garde devant l'identité « femme musulmane » qui, comme toutes les identités verrouillées, pourrait bien être une forteresse vide.

Le patriarcat ordinaire

La seule manière d'en dire plus sur ces femmes *particulières* que sont les femmes musulmanes serait de revenir à la question centrale par laquelle les féministes ont affronté l'ordre patriarcal : *qu'est-ce qu'une femme ?*, et de renvoyer ainsi les femmes des pays de tradition islamique à leur destin universel de femme. À Tunis,

Rabat et Alger, comme à Rome, Madrid et New York, cette question radicale et politique est seule capable de nous extraire de la gangue du système patriarcal.

« Sortir du patriarcat n'a pas été un pas de danse », me rappelle Alessandra Bocchetti, la fondatrice du centre culturel Virginia Woolf à Rome, qui fut un des hauts lieux de la pensée féministe italienne : « Notre démarche a été centrée sur une recherche de l'identité à partir de notre vécu : la découverte difficile et douloureuse du *visage caché* des femmes. Ce travail devait aboutir à une reconstruction en dehors de ce que l'ordre patriarcal prescrivait pour nous. » Une question stratégique qui conduit les femmes à une prise de conscience de leur dépossession identitaire séculaire. Si les expériences du féminisme ont été et sont diverses d'un pays à l'autre, cette question nous concerne toutes et peut-être encore davantage les *femmes musulmanes* des sociétés post-coloniales. Pourtant, nous l'avons négligée, effrayées par son contenu subversif et la peur irrationnelle d'être exclues de nos sociétés, marquées par un vieux fond communautariste berbère et un nationalisme encore jeune cachés dans les plis de notre modernité.

Notre frilosité et notre incapacité de porter cette question dans l'espace public sont la cause de l'échec politique du féminisme dans les pays à majorité musulmane. En ignorant cette exigence, nous nous sommes privées du seul moyen pour les victimes de prendre conscience qu'elles sont les protagonistes d'un système qui les nie en les rattachant ou en les identifiant à d'autres objets : l'ethnie, la classe, la fonction sociale, etc. Cette subjectivation de la politique est le meilleur chemin pour sortir de l'assignation à identité à laquelle nous sommes soumises. Enfin, un dernier constat, le plus lourd sans doute, pour nous et pour les sociétés dans lesquelles nous vivons : notre absence sur le terrain de l'identité explique la place gagnée par les mouvements religieux qui, eux, répondent à la question de l'identité et en font la base de leur recrutement.

Nous avons ignoré cette question fondamentale, laissant à quelques rares et précieuses artistes, écrivains, poètes, cinéastes le soin d'explorer notre visage caché. Assia Djebar et Samira Negrouche, écrivain et poètes algériennes, parce qu'elles ont trouvé les mots pour dire notre invisibilité et notre force, Khadija Tenana, peintre marocaine et son éloge du corps des femmes, la Tunisienne Moufida Tlatli avec son film *Le Silence des palais*, Raja Amari, autre cinéaste tunisienne avec *Satin rouge*, le film *osé* qui jeta un pavé dans la mare des conventions arabo-islamiques sur les *femmes musulmanes*. Grâce à elles, et à quelques-unes encore, grâce à leurs audaces nous nous dévoilons peu à peu.

Quant à nous, militantes marxisantes pour la plupart, issues des nationalismes maghrébins, nous avons centré notre mouvement sur un féminisme de revendications égalitaires en droit, en économie, en politique, nous avons pensé que la laïcité et la démocratisation allaient entraîner la reconnaissance des droits des femmes. Nous avons ignoré l'expérience de l'Europe où il a fallu, bien après la démocratisation, la laïcisation, attendre que le mouvement féministe, et lui seul, par des voies qui lui sont propres, libère les femmes. Nous avons pensé que l'accumulation des petites avancées allait entraîner un changement, que les conquêtes sociales feraient progresser la cause des femmes. Si les situations ont évolué sur ce plan, si les femmes ont conquis des territoires qui leur étaient interdits, si le *genre* avance — pour preuve les femmes ministres, médecins, ingénieurs, banquières, pilotes d'avion —, pour autant ces améliorations n'ont pas libéré les femmes dans les sociétés musulmanes. Ces avancées sociales ne sont qu'un simple réaménagement du système patriarcal. On se souvient de cette nouvelle qui fit sourire plus d'un Européen. L'imam de Lal Masjid, la Mosquée rouge d'Islamabad au Pakistan, a lancé une *fatwa* contre la ministre du Tourisme Nilofar Bakhtiar, alors qu'elle suivait un stage en France, pour avoir posé « de manière obscène » sur des photos avec des parachutistes français. Il s'agissait de son moniteur qu'elle remerciait pour son exploit réussi, son premier saut. Parce qu'elle avait osé oublier, toute ministre qu'elle était, son identité de femme musulmane, elle dut quitter le gouvernement.

Les avancées économiques et professionnelles accordées aux femmes par les régimes en place dans les pays du Sud sont précaires et fragiles. Tant que la question identitaire n'est pas posée politiquement, et qu'elle ne fait pas l'objet d'une reconnaissance solennelle des femmes comme sujets libres et égaux au sein de la société, la domination patriarcale subsistera et les femmes resteront une monnaie d'échange entre les régimes, leur peuple, et les mouvements religieux qui sont devenus les censeurs de la morale dans *tous* les pays qui se déclarent musulmans. La démission de la ministre pakistanaise n'est qu'une illustration entre mille du pouvoir qu'ils ont acquis. Les timides avancées réformatrices accordées de ci, de là, (en Égypte, en Irak, en Syrie) par les Raïs dits laïcs et éclairés, Nasser, Saddam Hussein, au Yémen du Sud sous le régime communiste, volent en éclats à la moindre crise politique. En Irak, à la première invasion américaine, Saddam Hussein a supprimé la petite amélioration juridique qu'il avait accordée aux femmes, leur permettant d'obtenir le divorce dans certaines conditions ; son régime chancelant avait besoin du soutien des religieux. La question des femmes est précisément, pour reprendre l'historien Mohammed Harbi dans sa préface de la réédition en 1990 de la thèse de Mansour Fahmi, soutenue à la Sorbonne en 1910, sur la condition des femmes dans l'Islam et publiée au Caire en 1923 : « l'un des noyaux à partir desquels les nostalgiques du passé remontent la pente et reconstituent ce qu'une génération précédente s'est acharnée à détruire ». Ceci sera toujours possible tant que nous n'aurons pas posé cette question : « Qu'est-ce qu'une femme ? », et que nos sociétés n'auront pas répondu avec une conscience moderne.

À éviter la bataille de l'identité, on risque de perdre la guerre. La montée des idéologies religieuses entraîne la régression de nos sociétés et rend, plus que jamais, cette lutte contre l'enfermement identitaire nécessaire — faute de quoi nous assisterons, impuissantes, à la recomposition de l'idéologie du *harem*, basée sur la ségrégation des sexes et l'assignation à identité des femmes. Le harem est la forme musulmane, aboutie, sophistiquée et brutale, du patriarcat. C'est la volonté de restaurer cette idéologie qui s'exprime dans l'islamisation de la société et de la politique des pays du sud de la Méditerranée. Une politique qui, en sanctifiant la domination du féminin par le masculin, en fait un principe sacré de l'islam.

41

Le retour de l'orientalisme

Ajoutons une raison supplémentaire de rejeter cette étiquette identitaire *femme musulmane,* trop souvent employée par les Européens : le risque de voir revenir dans le débat une vision *orientaliste* dont on croyait être définitivement débarrassé. Ou pour dire plus directement les choses, une vision coloniale des femmes « arabes ». La littérature, la peinture, l'art photographique abondent en tableaux de genre où nous étions livrées au regard occidental, dépouillées de toute humanité, réduites à une image simplificatrice et à une anthropologie spontanée. Que cela ait nourri le talent, ou répondu à des désirs impérieux d'être « ailleurs », que cela ait distrait du mal-être fin de siècle des artistes occidentaux, comme Flaubert, Nerval, Delacroix, pour ne citer qu'eux, je le veux bien. Mais — et cela même si plus d'une fois je me suis indignée devant les cartes postales consternantes de « femmes indigènes » aux seins nus ; même si, malgré mon admiration pour Flaubert, j'ai eu un haut-le-cœur à lire certaines de ses lettres où il relate son voyage avec Maxime Du Camp en Orient, et où s'exprime si crûment une vision raciste et pédophile de la sexualité — je ne vois pas dans cette bimbeloterie cruelle l'origine des drames de la colonisation d'hier, ni du racisme d'aujourd'hui, comme le donnent à croire les intellectuels post-coloniaux, dans le sillage d'Édouard Saïd. Faire de l'orientalisme artistique le marche-pied de l'occupation de territoires et l'asservissement des peuples conquis, c'est réduire à des représentations mentales les raisons bien réelles du colonialisme et de son prolongement jusqu'à nous, sous le couvert de la mondialisation. Je regarde ce passé avec amusement et curiosité intellectuelle. Mais le post-orientalisme qui, tel un fantôme, hante notre présent et revient se glisser dans les discours culturalistes et différentiels, ne m'amuse plus. Il ravive en moi d'anciennes blessures. Je suis encore écorchée par les stéréotypes réducteurs qu'ont subis et continuent de subir nos *identités meurtries*. Je me souviens d'une relation de mes parents, gaulliste et pratiquante catholique, si dévouée pour les femmes musulmanes (*sic*) : tous les jeudis, elle recevait les nécessiteuses de la ville accompagnées de leurs nourrissons à La Goutte de lait! J'étais jeune, ignorante et déjà choquée et humiliée par la charité des Français bien-pensants à l'égard des « bons musulmans ». Depuis, j'ai une vision acérée de tout ce qui nous revient, sous une forme ou une autre, de cette époque. Et, survivant à la décolonisation, voilà revenus l'*orientalisme* et sa vision essentialiste, avec cette fois-ci, pour comble de paradoxe, la participation active de l'objet même de la pensée ethnicisée et culturaliste du XIXᵉ : *l'arabe musulman* qui, entre-temps, est devenu, parfois, européen par migration ou diaspora et revendique d'être reconnu dans cette identité-là, *cette culture-là*.

Le retour de cette vision essentialiste a pour conséquence de résoudre par le bas la question de l'altérité entre les Occidentaux et nous. Voilà repoussée bien loin, sinon perdue, la passionnante aventure de « L'autre est un je », comme le dit Marc Augé, aventure à laquelle nous pouvions raisonnablement aspirer. Aventure qu'il restait aux héritiers de la France coloniale à entreprendre puisque leurs aînés, Tocqueville, Flaubert,

Victor Hugo, Jules Ferry et tant d'autres esprits brillants, ne l'avaient pas fait, eux qui avaient emboîté le pas à l'esprit impérialiste et militaire, nous condamnant à être une sous-catégorie d'humains, les *indigènes*. Aujourd'hui ce sont d'autres étiquettes qui nous brûlent la peau.

2

L'Occident et nous

L'amnésie des féministes post-modernes

La montée du fondamentalisme islamiste dans les populations émigrées d'origine maghrébine annonçait des tempêtes et une mise à l'épreuve de notre identité de *femmes musulmanes*. Le contexte politique laissait présager le pire. Dans les banlieues européennes, on sentait le contre-choc de la faillite politique des régimes post-coloniaux. L'idée du retour impossible et de la perte définitive du pays d'origine paraissait de plus en plus évidente; plus lointains mais palpables, le conflit israélo-palestinien et les guerres nées de la disparition du monde soviétique, avec leur lot de victimes musulmanes — Bosniaques, Tchétchènes, Albanais —, ajoutaient de l'huile sur les feux allumés par le racisme européen. Être musulman en France et en Europe devenait une posture politique. Une rude bataille s'annonçait pour nous féministes *issues* ou *de* culture musulmane.

En France, tout ce charivari a réveillé les fantômes du passé et servi d'exutoire à l'histoire refoulée. L'exigence des anciens peuples colonisés, ou des populations européennes issues de ces peuples, à être reconnus dans *leur* culture, a réveillé l'aversion de ceux qui ne se sont pas remis de la décolonisation, comme elle a trouvé un terrain favorable dans la culpabilité des enfants des empires coloniaux. Il s'agissait pour ces derniers de réparer le passé en permettant aux anciens colonisés de vivre selon *leur* culture, selon *leur* identité. Ignorant que la vraie bataille était d'affronter la question de la domination économique et politique des anciennes colonies et celle du racisme.

Ma culture, *sa* culture, *leur* culture, au nom de la diversité, nombreux sont ceux qui font droit aux revendications culturalistes et identitaires sans même s'interroger sur leur sens. Le droit à *sa* culture et à *sa* religion supplante dorénavant tous les autres. Notre époque n'est plus celle du principe de l'égalité en droit de tous les êtres humains, et de toutes les nations grandes ou petites, mais celle du recouvrement de son identité, de sa culture, dont le sens est laissé à l'appréciation de chacun. Liberté-égalité est un vieux slogan qui n'a plus le pouvoir de faire avancer l'Histoire.

Ce nouveau combat est mené planétairement : en Europe, dans les banlieues et dans les rangs de l'intelligentsia, en Asie, dans le monde arabe, aux USA, dans les universités, les centres de recherches en sciences sociales, dans les chancelleries, les partis au pouvoir et ceux de l'opposition, dans la rue. Les *femmes musulmanes* sont le point d'orgue de cette *furia*. Ainsi, nous sommes le signe et les victimes du basculement du monde dans l'ère du post-tout : post-colonialisme, post-orientalisme, post-modernisme et post-féminisme, dont le dernier avatar est le féminisme islamique.

C'est tout naturellement que nous avions espéré trouver à nos côtés nos amis *intellectuels-de-gauche-pour-la-plupart*, hommes et femmes que nous côtoyions depuis de si longues années, avec qui nous avions partagé de nombreuses causes : la liberté pour les peuples colonisés, la paix, la démocratie, l'Afrique du Sud, la Palestine, le Chili, le droit à l'avortement, la Bosnie, le Rwanda, les sans-papiers, la parité... La question des femmes dans les sociétés islamiques ne s'inscrivait-elle pas de toute évidence dans la continuité de ces combats, puisqu'il s'agissait encore de liberté et de dignité ? N'étions-nous pas depuis longtemps au coude à coude sur ce front-là ? Et tout particulièrement avec les féministes européennes ? Sur les discriminations sexistes, nous avions le même diagnostic et la même analyse de l'emprise religieuse sur l'infériorisation des femmes. Le patriarcat était universel, elles ici et nous là-bas partagions la même idée sur la construction du rapport des sexes et sur l'exigence de liberté et d'égalité en droit des femmes. Ces accordailles allaient être remises en cause par le repli identitaire et le retour du religieux. Contre les discours antiféministes qui justifiaient des pratiques de ségrégation sexiste comme le port du voile, les féministes européennes ne font toujours pas chorus avec nous, féministes du Sud. Nous espérions trouver sous leurs plumes un refus ferme de l'amalgame religion/patriarcat. Sur ce sujet qu'elles connaissaient bien, nos amies sauraient tordre le cou au relativisme culturel. Hélas ! alors qu'il s'agissait de savoir ensemble comment articuler le principe d'égalité des sexes à toutes les cultures, certaines féministes se sont ralliées aux thèses du relativisme culturel. Elles ne sont pas majoritaires, mais l'opinion publique les entend plus facilement que celles qui continuent à se mobiliser au nom des principes universalistes et qui sont accusées de ringardise (*sic*)! Ces positions antiféministes sont toujours reçues avec une grande complaisance. Pour preuve, le succès auprès des médias et de l'opinion publique du discours sur le *bonheur* et le *professionnalisme* des femmes prostituées, sur le *choix* des jeunes filles voilées.

Ainsi, certaines féministes, à travers le monde, nous demandent : « Pourquoi s'opposer au désir de religion quand il est exprimé par un si grand nombre de personnes, hommes et femmes ? Quelle est la légitimité du discours féministe contre ce choix ? De quel droit imposer comme un principe universel celui de l'égalité des hommes et des femmes ? Le faisant, ne portez-vous pas atteinte à cette liberté que vous revendiquez ? Pourquoi refuser le statut dicté par l'Islam quand il semble exprimer le libre choix de tant de femmes qui s'en réclament ? Combien êtes-vous, vous les féministes ? »

De toutes ces questions, la dernière m'irrite particulièrement. De manière insidieuse, elle renvoie à celle de notre légitimité à entrer dans le débat. Elle est encore plus irrecevable quand elle est posée par des intellectuels, des défenseurs des droits de l'homme, qui savent que ce genre de batailles commencent sur le front des idées et non sur celui des statistiques.

Je connais les méfiances actuelles à l'égard du rôle des intellectuels qui *surplomberaient* la condition des opprimés au nom desquels ils mènent bataille. Les mouvements identitaires prétendent donner, eux, sans médiation, la parole aux opprimés. Quel leurre ! Ceux qui théorisent les revendications identitaires sont également des *intellectuels surplombants*. Ils n'ont pas donné davantage la parole aux opprimés qu'ils défendent selon leur appartenance à un groupe — émigrés, prostitués, femmes voilées. Eux aussi parlent *au nom de*.

Loin de moi l'idée de les priver du droit de s'exprimer, mais je ne veux être exclue du débat sous aucun prétexte. La démocratie implique la libre expression de tous, y compris ceux qui sont moins directement concernés. Sartre ne disait-il pas : « L'intellectuel est celui qui s'occupe de ce qui ne le regarde pas ? » Et puis, comment définir qui est concerné ou non ? Comment répondre à la question en abyme de la définition des victimes ? Aussi éloignée soit-elle, une femme, quelle qu'elle soit, n'est-elle pas concernée par les pratiques imposées à ses semblables ? Voilées, prostituées, femmes battues, harcelées, répudiées, co-épouses, ce qui est en jeu, ce ne sont pas seulement des individus et des vies singulières, mais la morale qui organise le rapport des sexes et qui nous concerne toutes. Et tous.

Quant au nombre...

Combien sommes-nous ? Combien étaient-elles le 26 août 1970 à l'Arc de triomphe à Paris, les féministes françaises, quand elles déposèrent une gerbe « À la femme inconnue du soldat, les femmes en lutte » ? Certaines oublient que, comme nous aujourd'hui, elles ne représentaient pas toutes les femmes. S'il faut rendre hommage à la pugnacité des mouvements féministes européens et à leur audace dans ce combat inégal, on ne peut louer autant leur mémoire. Elles ont oublié leurs combats. Elles ont construit, contre vents et marées, contre les apparences, contre les représentations, contre toute une culture séculaire, contre des femmes aussi, une pensée qui fut capable de remettre en question l'ordre patriarcal dans ce qui fondait son système : la domination du corps des femmes et le contrôle de leur sexualité. Le combat fut rude, elles étaient peu nombreuses mais têtues.

N'a-t-on pas dit, en ces temps héroïques, à celles qui défilaient à Naples, Rome, en criant : « *ne' madre, ne' puttana* » : « Vous ne représentez pas les femmes italiennes » ? Ne leur a-t-on pas dit, et redit : « Non, vous ne représentez pas les femmes » à toutes ces autres qui scandaient partout en Europe, en Amérique du Nord : « Mon corps est à moi, c'est à moi de décider ! » ? Les vociférations des *pro-life* ou les condamnations solennelles du pape n'ont pas remis en cause leurs convictions sur le bien-fondé de ce principe. Elles n'ont pas renoncé à réaffirmer, chaque fois que c'était nécessaire, que le droit des femmes à disposer de leur corps n'était pas négociable parce qu'il était le pivot de la pensée féministe. Et pourtant, devant les hadiths, versets et autres éléments de la culture charaïque brandis dans les meetings, les défilés, les débats, devant le consentement de certaines femmes à dissimuler leur corps, à le « marquer » des signes de la domination patriarcale par le voile, s'agissant des femmes musulmanes, elles relativisent ce principe pour lequel elles se sont battues, un principe qui perdrait son sens pour des femmes de cultures différentes.

De tous les pays européens, c'est en France, à l'occasion de *l'affaire du foulard*, et de la loi sur l'interdiction à l'école des signes religieux, que le débat a été le plus vif. Il a été mené par les défenseurs des droits de l'homme, le parlement français, des commissions spécialement instituées. À l'époque, le président de la République lui-même est intervenu. Hélas! Il fut très peu question des femmes. On ne s'interrogea pas sur le sens du voile pour elles, ni sur son impact sur la condition des Françaises musulmanes. La seule question fut de savoir si le voile était compatible avec la tradition laïque française. Les féministes furent exclues du débat. Un fourvoiement de la politique française, de la circulaire Bayrou de septembre 1994 à la loi de 2003. La commission parlementaire préparatoire à cette loi aborda le problème en ignorant le principe constitutionnel français de l'égalité des sexes. Les membres de la commission se lancèrent dans l'exégèse du Coran. « À quoi vous servirait-il de savoir quel verset du Coran fait mention du voile? » leur ai-je demandé lors de mon audition. La situation était surréaliste, un peu de bon sens féministe aurait remis les pendules à l'heure. Cette loi prenait des allures de fatwa. Et ce fut le cas. La circulaire et la loi française, en interdisant le voile en tant que signe religieux, ont conforté les islamistes dans leurs stratégies patriarcales. L'ironie de cette situation est que certains islamistes eux-mêmes, poussés dans leurs derniers retranchements religieux, avaient fini par nuancer leur position et par reconnaître avec nous que le voile n'était pas *exclusivement* un signe religieux, mais également une tradition sociale (patriarcale, c'est moi qui précise).

Mais l'Assemblée nationale française avait préféré ouvrir un débat national sur la laïcité, et ainsi fut perdue une occasion de voir poser frontalement, comme doit l'être toute question éthique, la question de l'égalité des sexes en France. De son côté, l'opinion publique exprima en général des positions anti-voile qui n'étaient pas non plus dictées par un attachement à l'égalité des sexes. Il s'agissait plutôt d'une posture ethnico-culturelle. Racisme, ont dit certains. Je ne pense pas, car où serait le racisme dans le refus de voir des jeunes filles couvrir leurs cheveux et offrir ainsi une image archaïque et insupportable de la subordination des femmes? Il s'agissait d'un rejet de mœurs, non pas d'un rejet des personnes qui les exprimaient. La nuance est importante.

La loi sur les signes religieux à l'école qui souleva tant de polémiques n'a pas fait avancer la cause des femmes, bien au contraire. Elle a minimisé le danger du voile en mettant sur un même plan des signes *insignifiants* comme les médailles, mains de Fatma, kippas, et des pratiques lourdes de *sens* et de conséquences pour le développement psychique, sexuel et social des adolescentes. La dissimulation des cheveux et autres parties du corps des petites filles conduit à une ségrégation sexuée, à la différence des autres signes religieux.

D'une manière générale, sur le plan des idées, le débat a révélé les camps qui divisent la société française. Il a charrié tout un pan de l'histoire, la colonisation et la décolonisation avec le vieux front anticolonialiste encore vigoureux, la gauche radicale et les altermondialistes et, pour finir, les va-t-en guerre du choc des cultures. On a vu avec terreur l'opinion publique française s'engouffrer dans une guerre des signes. Il faudrait ajouter à l'intégrisme religieux islamiste une autre victoire, celle d'avoir bouleversé la France de gauche, divisé les féministes, obscurci le discours français sur les droits de l'homme, et, pour finir, d'avoir rompu nos alliances avec la gauche occidentale. Pas toute la gauche bien évidemment, ni toutes les féministes, je parle d'un certain courant en guerre depuis toujours contre l'establishment politique, de gauche comme de droite, qui s'est révélé très agressif et très présent dans le débat, d'autant plus qu'il était bien implanté dans le paysage médiatique et associatif. Je citerais, entre autres, *Le Monde diplomatique*, la Ligue de l'enseignement que nous croyions la gardienne de la laïcité, la Ligue des droits de l'homme, le MRAP, et d'autres encore moins connus. Cette gauche est montée au créneau de la France dominante. On a pu lire des pétitions, des articles, des déclarations qui mêlaient des anciens et anciennes laïcistes, des féministes, des personnes se disant à gauche, tous convertis pour l'occasion au relativisme culturel, et des islamistes bien contents de ramasser la mise de ce banco inouï. Ces rapprochements contre nature, nous en avions déjà eu un échantillon quand, pendant les années de terrorisme en Algérie, les années 1990, des représentants de l'intelligentsia française *justifiaient* les islamistes sous prétexte que les pouvoirs en place dans les pays arabes avaient perdu leur dignité. Mais là, ma stupeur fut encore plus grande ! Je retrouvais sous des plumes amies, féministes, la vieille stratégie dont on use depuis toujours contre les femmes : celle qui consiste à les faire taire sous prétexte de rendez-vous *plus urgents et plus nobles* que l'égalité des sexes. Aujourd'hui, dans ces critiques de la loi contre le port du voile, c'est le racisme, l'intégration des émigrés et l'alliance des civilisations qui sont évoqués. Las ! Nous n'en finissons pas d'être les otages de causes plus urgentes. À ces méthodes de mise au placard, nous féministes des pays du tiers-monde avons longtemps été soumises. Avant de pouvoir aborder les revendications féministes, il nous a fallu

attendre les libérations nationales, puis le développement économique, l'éducation de tout le peuple. D'une
guerre à l'autre, c'est la même réponse : après on verra.
Après, c'est tout vu. Tant de pays ont renié leurs engagements vis-à-vis des femmes la paix revenue. Voyez
l'Algérie, et vous comprendrez pourquoi sur ce point je
suis irritable. Nous attendons toujours l'égalité, un
demi-siècle après le début de la guerre de libération,
quarante ans après l'indépendance, vingt ans après la
démocratisation des institutions. Ce n'est jamais le
moment. Un accouchement de vingt-quatre ans pour le
code algérien de la famille, un code insultant pour les
femmes algériennes. En réalité, il a fallu attendre que
l'Algérie se vide de toutes ses utopies, que les tenants
d'une morale sexuelle protohistorique s'installent dans
nos villes et au pouvoir et effacent les restes du métissage colonial et de la guerre de libération, deux facteurs
de modernisation de la société algérienne. Il a fallu
attendre que le nationalisme identitaire l'emporte sur
les rêves des enfants de l'an I de l'Algérie républicaine,
socialiste et populaire. Le temps d'y ajouter, en creux,
sa dernière épithète : musulmane.

Mais aujourd'hui, les sœurs de la sage Pénélope, ce
modèle de la féminité auquel rêvent encore tous les
hommes, musulmans ou pas, n'attendent plus. Nous
sommes de « mauvaises » femmes. Et faibles. Car, bien
évidemment, nous sommes manipulées, de tout temps
manipulées. Ne sommes-nous pas accusées dans nos
pays d'être manipulées par l'Occident quand nous
dénonçons notre condition ? De donner des arguments
aux racistes anti-arabes, de nourrir l'idéologie du choc
des cultures, de cautionner les discriminations contre
les émigrés et, enfin, de nous être laissées séduire par

le camp des va-t-en guerre et les partisans sans réserve de l'État d'Israël? Stop! Nous n'ignorons pas que la dénonciation des inégalités, des discriminations, de la violence contre les femmes dans les pays dits arabo-islamiques peut conforter le racisme de certains. Mais nous savons que nous taire ne les rendrait pas moins racistes, bien au contraire. Notre combat pour la reconnaissance des droits et libertés pour une femme musulmane, dans l'indifférence de sa religion, ne participa-t-il pas de ce combat contre le racisme? Nous connaissons aussi l'effet centrifuge du conflit israélo-palestinien sur toutes les questions concernant l'islam, et nous voyons bien que nos querelles avec cette religion et ses représentants sur terre, qui se mêlent de régenter nos vies de femmes, reçoivent parfois un soutien d'*amis* dont la passion est pour le moins équivoque.

Faut-il pour autant renoncer à défendre la cause des femmes dans les sociétés dites arabo-islamiques? Faut-il attendre la disparition du racisme antimaghrébin? Enfin faudrait-il attendre la naissance de l'État palestinien?

L'accusation de manipulation, comme celle du complot extérieur, est une vieille rengaine. Mais à présent, il est une accusation nouvelle qui l'emporte sur les autres : l'islamophobie. On nous demande de surseoir à toute condamnation de cette pratique religieuse (*sic*) car elle *stigmatise* l'islam. L'attaque est rude, elle ébranle les bases de notre combat. Elle jette sur nous, féministes, engagées dans la critique de la raison islamique, le soupçon d'islamophobie. L'accusation est grave, c'est pourtant celle formulée dans la pétition sur l'*affaire du foulard* du journal *Le Monde* de décembre 2003, signée par des personnalités connues pour leurs idées de gauche, parmi elles Madeleine Rebérioux, historienne, laïque, défenseur des droits de l'homme. Je la cite, car elle est chère à mon cœur. Cette grande dame, présente dans tous les combats, celui de la décolonisation compris, a toujours été un modèle de pensée universaliste. C'est dire ma stupeur de la voir dans cette affaire. Je mentionnerai aussi Françoise Gaspard, représentante de la France à la commission des Nations unies pour l'élimination de toutes les discriminations à l'égard des femmes, avec qui j'ai souvent, et amicalement, discuté de ses préoccupations sur l'éducation des filles et sa volonté de ne pas marginaliser les adolescentes voilées. Car tous les défenseurs du différentialisme culturel ne vont pas jusqu'au bout de leur logique séparatiste. Ils reconnaissent le caractère discriminatoire de ces pratiques, mais ils justifient leur position par la défense des intérêts des petites filles et des femmes qui sont soumises ou qui se soumettent à ses règles. Ainsi des féministes, des intellectuels, des leaders politiques se lancent dans de nombreuses et longues explications sur les multiples et paradoxaux usages du voile en France, des piscines pour femmes, du refus des maris de voir leur femme auscultées par des hommes ou entrer seules dans le cabinet, même quand le médecin est une femme. Le respect de ces pratiques, disent-ils, permet aux femmes de circuler plus librement, de bénéficier des soins de santé, d'aller à l'école, à la fac, de travailler, de se faire respecter dans les banlieues, etc. Bien que louable, le pragmatisme est une manière de baisser les bras devant la réalité. Le *pragmatisme*, comme le *bon sens*, sont redoutables. Ils permettent aux doctrines et aux idéologies d'avancer masqués et de s'installer tranquillement dans les sociétés en évitant tout débat de fond. C'est ce que j'avais, en vain, expliqué à un diplomate hollandais qui voulait me convaincre qu'il fallait tenir compte de la réalité de la prostitution, la rendre plus acceptable pour les femmes, plutôt que d'essayer de la combattre. *Faire avec*, efficace machine à entériner les discriminations. J'ai répondu à ce diplomate que, dans le département des droits de l'homme de l'Unesco — où j'étais chargée des droits des femmes —, on ne faisait pas avec, mais *contre* toutes les formes avilissantes de discriminations. Accepter par pragmatisme la prostitution, c'était accepter le système prostitutionnel, et cela n'était pas acceptable; accepter par pragmatisme le voile, c'était accepter les causes de la ségrégation sexiste, et cela n'était pas acceptable. Refuser les pratiques néfastes aux femmes, qu'elles soient issues de la tradition islamique ou très clairement prescrites par les textes coraniques, ce n'est pas être islamophobe, c'est simplement être féministe.

Les enfants du colonialisme français

La campagne contre le voile à l'école s'appuya aussi, comme il fallait s'y attendre, sur les discriminations qui pèsent sur la vie des populations d'origine musulmane vivant en France. Un argument redoutable qui puise sa force dans une réalité qu'il est difficile d'ignorer. Et, comme ceux qui disent que l'interdiction du voile ne serait qu'un voile sur les discriminations des femmes musulmanes dans la société française, nous avons un solide ressentiment à l'égard de la République française à ce sujet. Qu'a-t-on fait pour assurer l'égalité de tous les Français? La preuve n'a plus besoin d'être faite qu'il y a en France un racisme antimaghrébin. Les délits de faciès et leurs sombres et tragiques conséquences, auxquelles s'ajoute souvent le sentiment de déni de justice, sont là pour nous rappeler que nous devons nous méfier de l'hydre à mille têtes qu'est le racisme. Jusqu'à aujourd'hui, en France, en dehors des grands centres urbains, où ces populations ont pu recréer des lieux de vie, y vivre librement et exprimer leurs différences, le racisme se voit à l'œil nu. Ici et là, dans les petites villes agricoles, de bord de mer, le travail fini, les travailleurs agricoles, les serveurs et cuisiniers, les femmes de ménage, les Mohamed, Ali, Fatima, tous enfants d'Ismaël ne savent pas quoi faire de leur peau et ni où se mettre pour prendre un peu de repos. Je connais des villages où l'accès au café de la place est de fait *interdit aux Arabes* comme dans le bon vieux temps de la colonie. Dans ce petit village, au bord de la Méditerranée, je les vois le soir, fumant furtivement dans les creux des falaises à l'abri des regards, les ex-colonisés *indigènes* devenus émigrés dans le pays qui les colonisa. C'est là qu'ils se retrouvent entre eux, après le travail, pour regarder droit devant eux, de l'autre côté de la mer, essayant d'apercevoir ce pays qu'ils ont quitté et auquel ils appartiennent. Ils fument en silence. Pensent-ils comme moi que l'Histoire est cruelle ?

Et de ce point de vue, le débat fut positif, il a révélé le mal-être et les discriminations très concrètes dont souffrent les populations émigrées, particulièrement celles d'origine maghrébine. Mais à partir de cette injustice flagrante, accepter la pratique, maghrébine ou pas, musulmane ou pas, de cacher ses cheveux, de ne pas se faire soigner par un homme, de ne pas serrer la main des hommes, c'est-à-dire accepter des pratiques de ségrégation sexiste, il y a un pas dangereux à franchir. C'est choisir un remède pire que le mal. Refuser le voile ne signifie pas accepter le racisme, comme veulent nous le faire croire certains.

Tout ce débat répondit aux attentes de ceux qui restaient en marge de la société. La mobilisation anti-raciste des années 1980, les politiques de discrimination positive qui suivirent, la réussite de quelques-uns d'entre eux ne suffisaient pas. Portés par la vague post-coloniale en vogue dans les universités américaines, sûrs de plaire et d'être soutenus par le vieux front anti-colonialiste, bref, réveillant tous nos fantômes dont ils n'avaient que faire, les enfants du colonialisme français vont se jeter dans la bataille. Se parant du titre de gloire d'être les « Indigènes de la République », ils surgirent dans le paysage français et se taillèrent une belle place dans la ville et sur le Net.

Les « Nouveaux Indigènes » se disent eux-mêmes « descendants d'esclaves, de déportés africains, et filles et fils de colonisés ». Sans craindre de mettre le feu à la maison, ils jouent dangereusement avec nos démons identitaires. Voilà revenus au goût du jour les slogans des Noirs américains, notamment des féministes, « Racisme et Sexisme », quand le lumineux visage d'Angela Davis flottait sur les manifestants, de San Francisco à Milan. Détournant les luttes du passé, ils disent : « Sexisme et Islamophobie. »

Une similitude apparente. Aujourd'hui, on se lève pour revendiquer la reconnaissance de son identité de victime qui devient une identité de combat. Le cas des femmes prostituées est parlant, celui des Nouveaux Indigènes de la République et des Féministes indigènes aussi. Ils sont nés de la démarche victimaire qui est le signe de notre temps, et qui ne cesse de m'étonner tant elle est éloignée de ce contre quoi je lutte depuis longtemps : être assignée à une identité quelconque et à plus forte raison à une identité de victime.

C'était à l'occasion d'un colloque sur le 8 mai 1945 à Sétif, en Algérie, organisé à Paris par la Ligue française des droits de l'homme que j'ai rencontré les Nouveaux Indigènes. Le 8 mai 1945 à Sétif, et dans plusieurs villes de l'Est algérien, l'armée française, la police, la gendarmerie et des civils pieds-noirs massacrèrent des milliers d'Algériens. Tout avait commencé pendant les défilés célébrant la libération de Paris. Les Indigènes qui avaient *donné leur sang* pour la France libre, recevaient les fruits de leur dévouement. « Beaucoup de nos camarades ne sont pas revenus. » Le frère de mon père nous racontait l'histoire de France. Il avait *fait* la bataille de Monte Cassino dans le corps expéditionnaire français du général Juin. « On nous a envoyés nous battre contre les Allemands avec des cailloux dans les poches, il n'y avait plus de munitions. » J'ai retrouvé cette incroyable révélation dans les Mémoires du maréchal Juin lui-même qui l'avoue pour mieux montrer le courage de ces hommes (*sic*). Le 8 mai 1945, un jour de grande injustice pour l'Algérie.

La première partie du colloque portait sur les causes et le déroulement des massacres. La seconde partie portait sur les discriminations, dans la France d'aujourd'hui, à l'encontre des populations émigrées d'origine maghrébine, et la parole fut aux Indigènes de la République. À l'écoute des interventions des leaders *indigènes*, on comprenait que, plus qu'une machine à combattre les discriminations, leur association était un laboratoire des traumatismes identitaires dont elle accentuait les effets en refermant le *qui-je-suis* sur ceux qui s'y aventuraient. C'était aussi un tremplin pour la conquête de la ville de ces nouveaux Rastignac.

J'étais la *discutante* de cette deuxième partie. J'ai commencé par le commencement, en exprimant la colère que je ressentais à cause cette appellation, « Nouveaux Indigènes », moi qui avais été indigène jusqu'à vingt ans. « Savez-vous ce que cela signifiait d'être indigène dans l'Algérie colonisée ! »

Rappelons, pour ceux qui l'auraient oublié, ou jamais su, que la France imposa à ses colonies en 1887 un code de l'indigénat. L'ordre colonial était basé sur des dispositions dégradantes, créant entre humains des catégories juridiques définies par l'appartenance ethnique et religieuse. Les indigènes pouvaient accéder à la nationalité française, pour cela il leur fallait renoncer à leur statut personnel régit par le droit musulman et, plus largement, comme disait un de mes grands-oncles, libre-penseur, perdre son âme. Ainsi, dans ma famille nous sommes restés des indigènes. Je suis restée une indigène, même si, par ma mère, j'étais formellement française. Ma mère était espagnole, et c'était là un des nombreux détails racistes des lois de l'Algérie française : les enfants nés d'une étrangère européenne et d'un indigène étaient français. Dans mes veines coulaient quelques gouttes de sang (*sic*) européen, j'étais donc récupérable !

La démarche des Nouveaux Indigènes me mettait hors de moi. J'ai toujours été révoltée par le cynisme et la mauvaise foi, surtout venant de personnes intelligentes. C'était le cas. Ils prenaient en otage notre passé d'indigènes et de colonisés. Le passé hantait notre présent, le dur temps de la décolonisation revenait, ici, au XXIe siècle, en plein Paris. À la Mutualité. Ce temps où nous nous étions tous glissés dans la peau d'un Algérien unique pour la cause de la libération et dans un effet de miroir — le miroir que nous tendait l'Occidental. « Dans le regard de l'autre, on est un », disait Frantz Fanon, précédant les post-colonialistes. Nous étions de nouveau les victimes du colonialisme, cette fois-ci sans colonialistes. C'est à cette histoire passée que nous conviaient les Nouveaux Indigènes, aveuglés par leur ressentiment. Dans cet aveuglement se jouait le présent, c'est de cela que je voulais *discuter* avec eux. Où se situent aujourd'hui les combats des Français d'origine algérienne ?

Sortir de la mythologie des origines, des temps de l'humiliation de la colonisation et de ceux, héroïques, de la libération. Affronter les exigences de la liberté et trouver les moyens de sortir des griffes de l'*identité collective* construite pour la libération. Faire en France, en tant que Français, ce que nous ne sommes pas parvenus à faire en Algérie, hypnotisés et prisonniers des mythes de la libération. Nous n'avons pas su construire d'autres regroupements, politiques, citoyens, que ceux tissés autour de vieilles luttes — contre les Français, contre les impérialistes, contre les néo-impérialistes —, toutes caduques et maintenues artificiellement par les pouvoirs post-coloniaux. Les tentatives fragiles de certains partis politiques, associations, intellectuels, pour former de nouvelles alliances entre hommes et femmes, se sont heurtées aux réticences de tout un peuple formaté par de longues années de colonisation et de guerre de décolonisation. Germaine Tillon disait que l'avilissement des femmes dans les sociétés maghrébines s'expli-

62

quait par le fait qu'elles n'étaient plus protégées par la république des cousins, et qu'elles n'étaient pas encore dans celle des citoyens.

Indigènes de la République ! Ce que j'entendais là, c'était la volonté forcenée de se trouver un nom puisqu'ils n'en avaient plus, aussi improbable soit-il. Ce qu'ils avouaient malgré eux, les enfants du colonialisme français, c'était leur mal-être et leur difficulté d'être français. Pour la plupart d'entre eux, leurs parents avaient lutté contre la France, et ils étaient devenus français par *réintégration*, effaçant les années passées depuis l'indépendance de l'Algérie. Les Français indigènes, devenus algériens en 1962, réintégraient la nationalité française !

Réintégration est un mot terrible quand on y pense. Il conduit à penser que consciemment ou non, il s'agit pour les *réintégrés* d'ignorer la décolonisation, d'oublier les années d'affrontement dans lesquelles se sont précisées les différences entre les deux peuples, le colonisé et le colonisateur. L'Algérien réintégré dans la nationalité française prenait le risque d'être le négationniste de sa propre histoire. En se désignant comme indigène, il renouait avec son histoire, mais, dans le même temps, il mettait les pieds dans un embrouillamini identitaire inextricable et sans issue. Que dit-il quand il réclame d'être reconnu comme Français indigène, cet enfant d'Algérien colonisé puis nationaliste, puis libéré ? Il nous dit que la décolonisation d'hier ouvre aujourd'hui à un droit *spécifique* d'être français pour les enfants des anciens colonisés qui, dans leur grande majorité, ont lutté pour l'indépendance. Ainsi le droit pour les anciens indigènes, qui ont refusé d'être colonisés par la France, n'est plus uniquement d'être algériens et de vivre en algérie, mais de vivre en France et d'être français en réclamant la reconnaissance de leur culture et leur culte. Même si culture et culte sont en contradiction avec les droits de la République, cette république vis-à-vis de laquelle ils n'ont aucune obligation, parce que leurs parents ont été colonisés et réduits à l'Indigénat, parce qu'ils sont la preuve vivante que cette république est parjure. C'est dans cet esprit qu'ils revendiquent le droit de se voiler, pour les femmes, et l'abolition de la loi contre le voile à l'école, qu'ils qualifient de raciste et ethnique. Nous savions déjà que c'est toujours sur le corps des femmes que se font les guerres identitaires. Une de plus.

Ils ajoutaient ainsi leur voix aux différentialistes, aux culturalistes, aux islamistes. Tous pêchent dans les mêmes eaux troubles où s'amalgament l'identité victimaire, la différence, l'opposition à la culture dominante, les luttes antiracistes, le sexisme.

Les Nouveaux Indigènes de la République, comme la gauche radicale française, mettent la culture sur un pied d'égalité avec les droits de l'homme. Au lieu d'exiger l'application réelle des principes de la République et, en premier lieu, la réalisation pleine et entière du principe de l'égalité de tous devant la loi, ils veulent être reconnus dans leur différence. Ressentiment ? Dépit amoureux ? Que fallait-il attendre ? La remise en cause des lois de la République n'est pas surprenante, venant de ceux qui en sont exclus. Les reproches faits aux lois de la République, fondées sur le principe de l'universalité, de ne pas appréhender la réalité sociale, ne sont pas dénués de fondement. Pour autant, je ne partage pas la position des Nouveaux Indigènes et l'idée de plus en plus courante selon laquelle l'universalité est morte. Ce n'est pas la première catégorie sociale à remettre en question l'universalité. Les femmes l'on fait avant eux, séduites par le différentialisme qui représente un courant féministe. Mais les féministes, en grande majorité, ont opté pour l'égalité dans l'indifférence de leur féminitude. La pensée féministe s'est imposée par sa capacité à renouveler le contenu de l'universalisme, et non parce qu'elle lui aurait tourné le dos.

Devant ce besoin de reconnaissance des populations issues de pays anciennement colonisés, qui ont fait le choix difficile et ambigü de devenir français et de vivre en France, comme devant le besoin de reconnaissance des jeunes filles voilées, certains pensent être confrontés à une *autre* culture qu'ils refusent de juger au nom du respect de l'autre, du pluralisme culturel, et du relativisme culturel. Ils se perdent dans les analyses alambiquées du multiculturalisme, interculturalisme, post-colonialisme, alors qu'ils sont face à un sous-produit de *leur* culture et de *leur* histoire, soumises au surgissement des minorités. Ils devraient plutôt exercer leur esprit critique sur leur société, pour le bien de celle-ci et celui de ces jeunes Françaises, leurs congénères, réduites à une minorité visible dans un pays républicain, et dont les postures ethnico-identitaires contribuent à nourrir les maux du racisme, de l'exclusion, de la peur de l'autre et, qui de plus, prennent le risque d'être dévorées par les signes qu'elles utilisent.

L'utopie humaniste

Qu'il faille prendre garde à ses ennemis, cela va sans dire, mais ses amis ! Les amis d'hier, qui nous accompagnèrent dans les luttes anticolonialistes, et les amis d'aujourd'hui qui sont à nos côtés pour dénoncer les exactions islamistes contre les femmes et les défenseurs des droits de l'homme. Le chemin est étroit entre ces *amis* d'aujourd'hui et ceux d'hier. À mes amis d'aujourd'hui, je dois dire que la haine et la violence du conflit israélo-palestinien, et l'islamophobie qui existe bel et bien, pèsent autant sur nous que les versets du Coran. Restent mes amis d'hier.

Nous avons vu peu à peu se reconstituer ce que l'on pourrait appeler le vieux front anticolonialiste. Il reprenait du service dans ce nouvel affrontement entre l'Occident et les autres peuples de la terre et tant mieux, car je partage encore avec lui de nombreuses causes. Mais, aveuglé par cette jeunesse retrouvée, il s'est engouffré dans le camp des relativistes culturels et se retrouve aux côtés des islamistes, du moins pour certaines questions et, principalement, celle du statut des femmes. Dans ce combat-là, je ne pouvais être de son côté, et j'ai même l'impression d'être trahie, alors que je poursuis mon chemin avec les idéaux que nous défendions ensemble. N'étais-je pas en droit d'espérer qu'il y aurait convergence entre l'idée de la libération des peuples et celle de la liberté des personnes ? Aujourd'hui, en prenant parti pour les positions identitaires, culturalistes, intégristes, religieuses, le vieux front anticolonialiste ne bafoue-t-il pas ses principes ? Agissant de la sorte, n'oublie-t-il pas que le droit des peuples à disposer d'eux-mêmes n'avait de sens que s'il était fondé sur les principes universels de l'égalité en droit, en dignité et en liberté de tous les êtres humains ? Et ne voit-il pas dans notre résistance au religieux et au culturalisme la continuité de ses combats ? Comment, et où, pouvons-nous trouver le droit d'être des hommes et des femmes libres, sinon dans la résistance à notre culture, à nos traditions religieuses quand elles sont contraires à ces principes ? À quoi ont-ils eux-mêmes arraché ces droits, sinon à leurs Églises, leur religion, leur culture, leurs traditions ?

La Déclaration universelle des droits de l'homme et du citoyen était au cœur des discours anticolonialistes, au cœur des discours nationalistes dans les enceintes des Nations unies, les chancelleries européennes, elle est toujours dans nos cœurs, nous les *jeunes Algériens*, les enfants de l'an I de l'indépendance qui rêvions de l'inscrire en lettres d'or sur les frontons de nos écoles, de nos mairies, de nos assemblées. Notre libération n'avait de sens que dans ces mots : liberté, égalité, fraternité. Nous sommes-nous libérés du colonialisme pour restaurer les vieilles obédiences féodales, tribales, maraboutiques et autres confréries religieuses ? Nous sommes-nous libérés pour retourner à cet *Orient* dont nous aurions « la vocation éternelle », pour reprendre les mots de Maxime Rodinson ?

Faut-il leur rappeler qui ils étaient, qui nous étions, à ces femmes et ces hommes de gauche qui se sont battus à nos côtés ? Faut-il dérouler notre généalogie pour qu'ils nous *re*-connaissent, et se reconnaissent ? Notre *identité* était composée d'une superposition d'idées, d'images : celles des résistants, des résistantes, des artistes, poètes et écrivains algériens et celles des intellectuels et des artistes du monde entier. Le temps était à l'espoir. Les Européens avaient épuisé la vieille haine de frères germains qui avait ensanglanté leurs pays pendant des siècles, des femmes et des hommes se levaient de tous les horizons, pensant qu'ils pouvaient changer le monde et entonner enfin l'hymne à l'humanisme, écrit depuis si longtemps et laissé en souffrance, durant les longues années de colonialisme. Résolument, ils accompagnèrent le soulèvement des peuples colonisés. La lutte pour la décolonisation préfigurait les combats à venir. La défense des résistantes algériennes n'avait-elle pas mis en place des alliances et ouvert la voie à un courant d'opinion en faveur des femmes que l'on retrouverait, de longues années plus tard, dans le mouvement de libération des femmes ? Les avocates de la cause des femmes se faisaient les dents, elles découvraient l'incarnation de leurs idées dans les résistantes algériennes qui menaient un combat politique au sens plein du terme. Djamila Boupacha n'a-t-elle pas refusé les tractations du pouvoir colonial quand, à l'ombre de la guillotine, elle réclama le procès de ses tortionnaires ? Simone de Beauvoir et Gisèle Halimi n'ont pas soutenu et défendu une *victime indigène, une femme musulmane,* mais une femme politique dont les choix anticipaient la révolution féministe occidentale. Notre *identité de femme algérienne* annonçait l'arrivée de l'humanisme retrouvé, avec les femmes au cœur de cette aventure. C'était il y a déjà un demi-siècle.

C'était exactement le 19 juin 2008 à Alger, la chaleur plombait la ville, dehors les voitures allaient pare-chocs contre pare-chocs, le bruit des moteurs était assourdi par les immenses baies vitrées. Les salles étaient désertes, fraîches, silencieuses. Je visitais l'exposition du musée d'Art moderne d'Alger, le MAMA : « Les artistes internationaux et la guerre d'Algérie. » J'ai pris ce jour-là la mesure de la grande aventure de la décolonisation et la place unique de l'Algérie. Je suivais Anissa

Bouayed sans perdre une de ses paroles. La jeune et belle commissaire de l'exposition me racontait devant chaque tableau, chaque sculpture, les rencontres qu'elle avait faites avec les artistes encore vivants ou leurs héritiers et combien ils avaient gardé vivante la passion de cette époque, cinquante ans après.

Devant les dessins de Mireille Miailhe, sur le procès de 1952, au tribunal de Blida, des militants algériens de l'Organisation secrète, elle me racontait la vie exemplaire de Mireille, juive polonaise, communiste et très jeune résistante pendant la Seconde Guerre mondiale. Elle avait maintenant près de quatre-vingt-dix ans, elle était atteinte de la maladie d'Alzheimer et, pourtant, elle avait tenu à venir à l'inauguration de l'exposition. Et elle s'y était rendue, accompagnée de son petit-fils. Elle ne se souvenait pas de tout, émerveillée par la somptuosité de la baie d'Alger, elle croyait revoir Marseille où elle avait embarqué pour l'Algérie, mais devant ses dessins elle se souvint que, dissimulée par des vêtements traditionnels de femme algérienne, cachée dans la foule du tribunal, elle dessinait en cachette. Des petits bouts revenaient lentement à sa mémoire, fragiles et légers.

Et puis l'équipée du *Grand Tableau antifasciste collectif*. Un immense collage créé en Italie autour de la scène de viol d'une résistante par des militaires. Le tableau, montré à Milan en 1961, fut censuré pour pornographie. Une guerre pornographique, comme toutes les guerres qui s'inscrivent toujours, et pour toujours, dans le corps des femmes. Le tableau resta quarante ans entre les mains de la *Questura* italienne, aujourd'hui il est au musée d'Art moderne de Strasbourg. Sur une photo prise à Paris, en 1960, boulevard Raspail chez le peintre Jean-Jacques Lebel, devant le tableau, avant qu'il soit envoyé à Milan, je découvre parmi les peintres, Valerio Adami, un peu mon voisin à Paris aujourd'hui — j'aime ces jeux de hasard, j'y vois toujours un signe. Il y a aussi le grand Fontana et Meret Oppenheim, une des rares femmes du mouvement surréaliste. Cette photo et les signatures du tableau sont un véritable manifeste de la solidarité internationale pour l'indépendance de l'Algérie : les peintres italiens Recalcati, Baj, Crippa, Dova, le Français Jean-Jacques Lebel et Erró, l'Islandais. Ce dernier avait été entraîné dans cette aventure africaine par le poète Henri Kréa, de mère algérienne et petit-fils de Marcel Cachin, le directeur de *L'Humanité* qui succéda à Jean Jaurès. L'Algérie rebelle, mêlant les noms, les talents, me subjuguait par son pouvoir sur les idées de l'époque, et sur les miennes encore aujourd'hui.

Quelle émotion ! L'éthique et l'esthétique rassemblées pour célébrer l'arrivée de mon pays aux temps modernes, quel baptême ! Sur les murs du musée, il n'y avait pas que l'engagement, le courage, le risque assumé, les idées généreuses — la fraternité, l'égalité, la liberté —, il y avait aussi le talent, l'intelligence, la *culture* dans ce qu'elle a de plus libérateur, de plus *politique*. Notre culture algérienne, notre identité resteront à jamais marquées par ces tableaux, ces livres, ces poésies, ces manifestes, ces lettres d'amour de prison, ces témoignages des jours de tortures, de persécutions et de colère. Elles en porteront les traces, reconnues ou non, acceptées ou non, glorifiées ou ostracisées. Notre culture et notre identité, s'il faut utiliser ces mots, étaient là, notre *musique intérieure*, voilà ce qu'il serait plus juste de dire.

La liste des Justes est longue. Sur les cimaises, Picasso, Lam, *La question* de Matta, Kijno de Varsovie, Arroyo l'Espagnol et son stupéfiant *Le Dernier Colonialiste*. Rancillac et le magnifique *Dîner des collectionneurs*, le *Métro Charonne* de Lapoujade, et ses encres dont les dessins de Djamila liée à un poteau, hurlante; plus loin André Masson de Balagny-sur-Oise, avec son *Parloir de prison* et ses encres *Algériennes à la prison* et, près de lui, Jean-Michel Atlan de Constantine et aussi Jean de Maisonseul d'Alger, élève de Le Corbusier. Jean de Maisonseul avait été membre avec Albert Camus et Emmanuel Roblès du Comité pour la trêve civile, puis arrêté et emprisonné à Barberousse. À l'indépendance, il n'avait pas suivi l'exode pied-noir, premier conservateur du Musée national des beaux-arts d'Alger, il ferait revenir dans la ville les œuvres emportées par les Français en 1962. Ses tableaux disent la solitude de la prison et l'émerveillement des premiers jours de liberté. La peinture nous conduit au-delà des mots. La musique aussi. Luigi Nono et son opéra *Intolleranza*, qui s'en souvient? Et tant d'autres, cubains, chiliens, juifs émigrés d'Europe centrale, des Turcs, un Iranien, des Libanais, et encore de nombreux Français, venus de partout pour trouver à Paris la liberté de créer. La France, pays paradoxal, qui au nom de la liberté accueillait chez elle les artistes du monde entier, et qui là-bas, de l'autre côté de la mer, torturait des jeunes filles éprises de liberté.

Sous une vitrine, le livre de Gisèle Halimi et de Simone de Beauvoir sur Djamila Boupacha, un Gallimard de 1960, écorné, illustré par Picasso et Matta, et des coupures de presse; la une d'un numéro des *Lettres françaises*, la revue d'Aragon, avec, côte à côte, une photo de Brigitte Bardot et le fusain de Djamila par Picasso ; le vrai, est au-dessus de la vitrine. Les yeux de la jeune femme dévorent son visage, ils nous interrogent ardemment comme ils interrogeaient la conscience des Français, ils ne laissent pas de répit à l'Histoire. Aujourd'hui, ils nous demandent : qu'avez-vous fait de mon martyre ?

Simone de Beauvoir et Djamila Boupacha, toute notre histoire de femmes algériennes est dans cette rencontre. Cette histoire que l'on veut occulter en nous forçant au silence, un bâillon identitaire sur la bouche, sur lequel on a écrit *femme musulmane* au risque d'étouffer jusqu'à la spiritualité de cette grande religion. Le reniement des intellectuels occidentaux, le rejet violent des islamistes encouragés par la pusillanimité de nos dirigeants, tout concourt à l'entreprise de lente dépossession de nos mémoires. Mais qu'on le veuille ou non, avec l'assentiment ou non des islamistes, avec l'assentiment ou non de certains intellectuels français, notre histoire s'inscrira dans la réponse, aussi longue et douloureuse soit-elle, à la question, la seule qui me concerne vraiment : comment reprendre le cours de cette aventure partagée entre Simone de Beauvoir, la jeune fille rangée qui lança la révolution féministe, et Djamila Boupacha, si chère à mon cœur ?

La tâche n'est pas insurmontable. Inexorablement, cette question sera posée un jour. Il peut paraître puéril, ridicule, aujourd'hui, de regarder dans *le sens de l'histoire*, mais que nous dit d'autre la résistance des femmes et de nombreux anonymes, analphabètes ou non, à l'islamisme dans les années 1990 en Algérie ? Ce ne sont ni l'armée ni les politiciens qui ont fait barrage aux fondamentalistes, mais pour beaucoup le « peuple », les femmes qui continuèrent à envoyer leurs filles à l'école, les jeunes qui continuèrent à chanter des chansons indécentes, les poètes, les écrivains, les hommes de théâtre, les femmes journalistes, les peintres. Tous ceux qui continuèrent leur métier profane, d'*artistes*, au risque de leur vie, jusqu'à la perdre pour certains. Et aussi les psychiatres, sacrilèges qui débusquent derrière nos identités *divinisées*, nos démons trop humains. Eux aussi ont été la cible des tueurs. Sans oublier les cinéastes, et leurs actrices insolentes — l'une d'elles aurait répondu à une invitation pour La Mecque, lancée par le président de la République aux artistes, qu'elle n'était pas encore prête à abandonner son whisky. Et enfin, et surtout, comment ignorer notre mobilisation féministe, notre travail, à Alger, Tunis, Casa ? Les petits pas que nous faisons malgré les difficultés, les embûches, la police, les difficultés et la solitude ? Comment ignorer les désirs secrets des femmes et des hommes de cette terre de vivre libres, comme tous les hommes et les femmes de la terre ? Qu'est-ce qui arrêtera les enfants de ce pays rebelle, toujours conquis et jamais vaincu ? Un pays religieux, l'Algérie ?

L'histoire reviendra pourvu que nous ne cessions d'en faire le récit, inlassablement. Et même si nous devons confier nos récits au vent, le vent les ramènera, comme ce jour, dans le MAMA où il ramenait les paroles, les dessins, les musiques de notre douleur, de nos espoirs et de notre courage magnifié. Et le regard de Djamila, pour ne rien oublier.

Comment ne pas garder espoir dans ces lieux qui sont à eux-mêmes une promesse, celle de tourner le dos aux reconstitutions culturelles douteuses, aux traficotages identitaires ? Un musée d'art moderne ! Ici, résolument, on allait vers l'inconnu. Et qu'est-ce qu'une culture si elle n'est pas cette recherche d'un nous qui reste à connaître ? *La culture est ce qui me permet de ne pas être ce que je suis.* C'est avec ces mots que, dorénavant, j'entre dans le dialogue culturel qui continue de bruire autour de la Méditerranée, comme une litanie, pour conjurer les démons des forcenés du choc des cultures. Le MAMA, belle trouvaille et belle architecture, si blanc qu'il semble en apesanteur, est au cœur d'Alger la belle endormie, une invitation au réveil. La féminitude de son nom est un hommage à notre histoire de femmes algériennes à nulle autre pareille, et un signe encourageant.

Qu'en Algérie, les conservateurs, les nationalistes identitaires, les réactionnaires, les fondamentalistes tentent de faire disparaître cette partie de notre histoire, quoi de plus normal ? Qu'en France et en Algérie, les pouvoirs en place, pour des quantités de raisons, oublient, négligent, dévalorisent cette période, quoi de plus normal ? Mais les intellectuels de gauche ? Ceux qui sont aujourd'hui dans des combats que nous partageons, pour un monde meilleur, une répartition équitable des richesses, contre le pillage du tiers-monde par ses chefs, contre la corruption dans les relations économiques internationales, pour le retrait des troupes américaines en Irak, pour un État Palestinien, les retrouver dans de telles alliances ? Est-ce *pensable* ? Que cette gauche, radicale ou non, revendiquant son appartenance aux idées de justice, de résistance à l'ordre globalisant, que cette gauche-là fasse alliance avec ceux qui veulent passer à la trappe le mouvement de libération des femmes algériennes, maghrébines, arabes et musulmanes, ces femmes qui résistent depuis plusieurs décennies pour se faire reconnaître comme des individus libres et égaux en droit, c'est le monde à l'envers. Est-ce *pensable* ?

Il est urgent que vous, mes amis d'hier, vous vous dégagiez de ce sentiment de culpabilité et que vous retrouviez la liberté de jugement que vous avez si bien exercée contre ceux de votre camp, pour le bien de ce camp, et pour son honneur. Hier, vous étiez aussi peu nombreux que nous aujourd'hui à défendre les idées de liberté et d'égalité. Pourtant, grâce à vous on peut dire maintenant que *tout* le peuple français n'acceptait pas le maintien de la colonisation en Algérie, la réduction de tout un peuple en indigènes et les tortures dans l'armée. Vous étiez l'honneur de votre camp, vous qu'on appelait des traîtres.

Ne vous trompez pas.

À entendre hurler les masses dans les rues des capitales arabes, asiatiques, à la moindre caricature, à la moindre critique de l'islam, fût-elle dans des romans à l'eau de rose, à entendre tous les jours sous mille formes, dans tant de langues, des gens du peuple comme des lettrés, des leaders politiques, des hommes et des femmes, crier leur désir de retour à la religion, à la soumission à Dieu, on pourrait croire à une nécessité naturelle, *génétique* pensent les racistes, si nous n'étions pas là pour dire le contraire. Ne vous trompez pas, il est temps que vous compreniez que nous essayons de faire ce travail difficile que vous avez mené en votre temps. Vous nous rendez la tâche difficile. Votre déni culturaliste fait peser encore plus lourdement sur nous le sexisme violent de la morale arabo-islamique. Mais ne vous trompez pas, comme vous hier, nous aujourd'hui, femmes et hommes, féministes, démocrates, libres-penseurs, nous sommes l'honneur de nos peuples — aussi désemparés et faibles que Taslima Nasreen, la Bangladaise, aussi poursuivis par la justice, la police et les foules en furie de nos pays que Nawal el Saadawi, l'Égyptienne. Nawal, la pionnière du féminisme moderne arabe, qui dénonça les mutilations sexuelles et autres violences faites aux *femmes musulmanes*, il y a plus de quarante ans. Elle porte comme un drapeau, contre vents et marées, la crinière blanche de ses cheveux. La grande dame solitaire est désespérément libre au milieu des femmes, des jeunes filles et des petites filles de son pays, voilées et soumises.

Les longs sanglots de l'homme blanc

Mais le plus difficile à combattre n'est pas le sentiment de culpabilité des enfants de l'empire. Mêlée à la peur d'êtres taxés de racistes, qui pousse certains intellectuels occidentaux à tant de complaisance pour les discours culturalistes, je vois une difficulté plus grande encore : le désenchantement européen. Au cœur des plus grandes aventures, et c'est ce qui font leur prix, l'homme est à la recherche du bonheur. Pendant que les empires s'écroulaient, l'européocentrisme s'est fracassé au miroir de Narcisse. Le fils du Dieu du fleuve Céphise est prêt à suivre cet *autre* qui le fascine pour oublier son visage vieilli et triste. L'occidentalisme est un vêtement usé dont certains rêvent de se débarrasser. C'est dans une nudité salvatrice qu'ils veulent se perdre dans l'immensité du Monde. Voilà que, bien à propos, les discours culturalistes ouvrent directement sur la diversité du monde. Ils scrutent cette diversité avec l'espoir de voir se réaliser enfin les promesses de bonheur que n'ont pas réalisées les révolutions marxiste, sexuelle, féministe, libertaire qu'ils ont lancées avec fougue et exultation. Envolée la classe ouvrière, amère la liberté sexuelle, triomphant le capitalisme. Le soleil s'est couché à l'est, et les tigres de papier rugissent aussi fort que le lion de la Metro-Goldwyn-Mayer, la Chine n'est plus en communes et le Che, en superproduction, est au box office. Pauvre homme blanc.

De retour de la Conférence mondiale sur les femmes à Pékin en 1995, alors que je racontais à un vieil ami espagnol, anti-franquiste en son temps, les manœuvres menées par la coalition de la Chrétienté (le Vatican et quelques États sud-américains et africains) et des États islamiques, ou islamisants (l'Iran et l'Algérie, main dans la main, réconciliés provisoirement dans la bataille contre les femmes), celui-ci me dit : « *Querida* Wassyla, nous avons échoué sur tous les plans, nous n'avons rien à offrir en échange des promesses d'au-delà et de charité. »

Pendant que les représentants des États musulmans, islamiques, chrétiens, dans les couloirs de la Conférence des États, s'entendaient dans le dos des femmes, j'étais au Forum des ONG avec quarante mille femmes venues de tous les continents. Ici aussi les Iraniens avaient la main, sur leurs femmes s'entend. Voilées de noir et suréquipées en technologies modernes, elles étaient là pour faire la loi sur les questions qui touchaient à l'Islam. Elles n'avaient pas compté avec les Maghrébines venues dénoncer les crimes de l'islamisme. On était en pleine guerre civile en Algérie.

Le collectif de féministes maghrébines que nous avions constitué, le Collectif 95 Maghreb Égalité supporté par l'Unesco, où j'occupais le poste de directrice des droits des femmes, avait imaginé le parlement des femmes sous les lois islamiques pour dénoncer la condition des femmes dans les pays qui revendiquaient la religion islamique comme source de droit. Les Iraniennes à la solde des mollahs ont essayé de nous faire taire par tous les moyens, et y compris par la force. D'une manière générale, nous avions des difficultés avec toutes les *femmes musulmanes*. À des degrés différents mais concordants, elles défendaient la charia qu'il suffisait, disaient-elles pour les plus audacieuses, d'amender par une exégèse en faveur des femmes et elles préconisaient des actions sociales d'usage : éducation, santé et économie. Les Koweïtiennes, venues nombreuses pour plaider la cause de leur pays occupé par l'Irak, ont voulu nous interdire d'utiliser le mot « égalité » dans les discussions, à Pékin, en pleine conférence sur les femmes ! Il y avait de quoi être découragées. Les Maghrébines dérangeaient avec leurs discours universalistes, politiques, qui mettaient au cœur des enjeux de société l'égalité et la liberté des femmes, quelles que soient leurs appartenances cultuelles ou culturelles. Nous avons fait bloc. Nous avons laissé là les princesses du pétrole et les soldates de Dieu et nous avons tenu notre parlement. Pendant le déroulement, les femmes arabes et les Iraniennes, les chiites, les wahhabites, les sunnites, les chrétiennes traversèrent la scène avec une pancarte : *No event*. La pire manière pour elles de quitter la scène de l'Histoire. Nous, nous y étions, isolées ou pas. Il fallait le faire, n'en déplaise à mon vieil ami José. Je lui ai répondu avec tendresse : « Mon cher José, les longs sanglots de l'homme blanc ne m'intéressent pas. Nous sommes en train de mener les combats que vous avez abandonnés. Je ne sais pas si nous allons gagner, mais là n'est pas la question. Il fallait le faire et nous l'avons fait : Nous nous battons pour des idées que vous jugez révolues. »

Pour conclure ce chapitre, à mes amies féministes que je désignerai comme post-modernes pour les distinguer de celles qui sont, comme moi, restées attachées au féminisme laïc, universel et moderne, à la gauche radicale qui mène des combats qui sont les miens, aux enfants du colonialisme français, avec qui je partage un morceau d'histoire, et à tous ceux qui me demandent de surseoir à mes critiques de la condition des femmes dans l'Islam et la culture charaïque, en invoquant le risque de voir affaiblir des luttes sociales et politiques beaucoup plus importantes que « cette histoire de foulard », je dirais que je reste vigilante. Je garde un œil sur les luttes sociales et politiques auxquelles sont confrontés les Arabes, les musulmans, quand ils sont palestiniens aussi, les émigrés maghrébins, non parce que mon *identité* est maghrébine et musulmane, mais parce que je suis humaniste, anticolonialiste, démocrate et féministe. Et que c'est avec *ces identités-là* que j'entends continuer mon dialogue avec les Européens, amis ou non, et avec ce pays auquel j'appartiens.

Ce discours vous renvoie, intellectuels désenchantés, à votre monde, votre histoire, vos échecs, du moins aux apories qui encerclent votre modernité. Vous préférez ne pas nous entendre et, dans une fuite en avant dont vous ne connaissez pas encore les résultats chez vous, mais dont nous voyons déjà les désastres chez nous, vous vous lancez à tête perdue dans le culturalisme. Le modernisme est mort, vive la modernité!

3

L'éros musulman

Une mise en spectacle

Voiler les femmes n'est pas le privilège de l'Islam, c'est une pratique que l'on retrouve dans de nombreuses autres cultures et traditions, plus ancienne que toutes les religions. On l'aura compris, la burka afghane n'a rien à voir avec les prédications du Prophète du Hijaz dont certaines auraient même pu la faire disparaître. Cependant, aucune autre de ces traditions n'a poussé aussi loin que la culture islamique la logique de l'enfermement des femmes.

Si le voile contemporain tire son origine de la tradition charaïque qui l'a codifié et en a fait un dogme moral, sa fonction dépasse clairement le seul cadre religieux et l'adhésion à la culture de harem dont il est la continuité dans l'espace public.

Aujourd'hui en Europe, en France, la société du spectacle dans laquelle nous sommes plongés offre par sa nature même des moyens redoutablement efficaces à ces détournements de sens, les sollicite, les encourage, dans la mesure où elle-même n'existe qu'à travers la masse de messages qu'elle charrie. Plus que jamais le sens originel du voile est débordé, et nous sommes assaillis par des messages qui puisent leurs raisons dans la vie plus qu'au ciel. Le voile est aujourd'hui une arme médiatique.

Cette arme, les islamistes l'utilisent pleinement. Elle est même devenue leur plus efficace étendard. C'est sous sa bannière qu'ils recrutent et jettent du même coup bon nombre d'adolescentes dans un piège dont elles ne voient pas ce qu'il a de profondément inégalitaire et antiféministe. C'est ainsi qu'au nom de l'islam certaines s'en parent *volontairement*, croyant pouvoir tirer quelque force de la provocation à laquelle elles se livrent. Mais si se voiler a une dimension de jeu, de défi, dans un contexte de révolte ou de revendication, il n'en est pas moins une décision lourde de conséquences sur laquelle il est quasiment impossible de revenir, en France comme ailleurs. Toutes les filles qui se voilent n'ont pas un papa communiste et connu des médias, comme les sœurs Lévy qui avaient défrayé la chronique en 2003 pour avoir refusé de retirer leur foulard au lycée. Deux adolescentes qui, à bien y regarder, voulaient régler leurs comptes avec leurs parents qui se disaient pour le père tout à la fois juif athée et pour la mère kabyle convertie au catholicisme... Un brûlot médiatique comme l'adorent la presse et la télévision. Sur le moment, de nombreuses associations de gauche étaient montées au créneau et avaient signé une pétition de soutien, sans vraiment se pencher attentivement sur le problème, préférant se jeter aveuglément sur l'actualité. Quelques mois plus tard, lorsque sortit le livre d'entretiens des deux sœurs, où elles confiaient qu'elles trouvaient injuste d'empêcher une femme de se faire lapider pour adultère puisque c'était son « libre choix », ces même associations restèrent cette fois parfaitement muettes. Le temps du débat télévisé était dépassé, il n'y avait donc plus rien à dénoncer, même si ce livre, bouffonnerie lamentable, insultait les femmes musulmanes et les femmes en général. Quant à moi, je me suis fait une opinion sur la question dès la première affaire de voile qui avait conduit à l'exclusion d'une jeune Marocaine de son lycée. Pour que l'adolescente enlève son voile et retourne dans son établissement scolaire, il avait suffi d'une simple intervention du cabinet du roi du Maroc, Hassan II. Un épilogue qui jetait un doute sérieux sur le fondement spirituel du *désir* de voile et remettait en cause l'idée d'un conflit entre l'expression d'une liberté intime et un principe général — conflit qui avait de quoi ébranler mes convictions les plus affirmées. Je me suis dès lors posé la question différemment : puisque entre Dieu et le roi du Maroc la famille de la jeune adolescente avait choisi le roi, cela signifiait que le débat était encore ouvert sur la pratique de voiler les filles mineures, qu'il ne s'agissait pas d'un impératif dogmatique et que nous, féministes, avions toutes nos chances d'être écoutées. C'était une question intentionnellement naïve, mais elle ouvrait un chemin pour la réflexion et confortait l'idée que cet islam monolithique dont on nous rabattait les oreilles ne tombait pas du ciel, que c'était éminemment une affaire d'hommes et de femmes. Et de rois...

On présente souvent le voile comme la meilleure manière pour ces jeunes filles de dire leur colère contre une France qui ne les intègre pas. Ce serait pour elles une manière positive de se distinguer dans une société qui les distingue de façon négative en leur collant l'étiquette d'*émigrées*, même si elles sont pour beaucoup françaises depuis deux générations. Cette étiquette que les Maghrébins s'appliquent à eux-mêmes, comme s'ils n'arrivaient pas à s'en détacher. Ils sont comme hantés par l'émigration elle-même dont l'histoire est introuvable car elle s'est écrite en marge de l'histoire française officielle. Maintenues dans une situation précaire, dans une arrivée éternelle, ces jeunes Françaises, de père français d'origine algérienne ou marocaine, ressentent un besoin constant d'identification, c'est pourquoi la notion d'« identité culturelle » les touche à ce point, et qu'elles réclament d'être reconnues comme « Françaises musulmanes », avec le voile comme signe de reconnaissance. Par cette revendication identitaire, elles refusent, puisque cela est impossible, de se fondre dans la société française. Avec le voile, elles gardent leur identité d'« émigrées ». Cependant, et contrairement aux garçons qui sont pour beaucoup dans une révolte totale, les jeunes filles issues de l'émigration maghrébine s'emparent de tout ce que leur offre la société française, instruction, travail, ascension sociale, mais, par la pirouette du voile, affichent leur différence. Comme le footballeur français Zidane qui, à la fin d'une carrière exemplaire d'émigré intégré, par son « coup de boule » rappelle qui il est.

C'est en affirmant leur refus d'être *assimilées* que ces femmes voilées acquièrent une place et une visibilité dans la société et c'est en ce sens qu'elles l'arborent fièrement dans les piscines, les universités, les bureaux. L'utilisant comme un passe-droit, il les fait même accéder là où on ne les voyait jamais auparavant : les plateaux de télévision. Une notoriété chimérique qui est, le plus souvent, le résultat d'une instrumentalisation. On a pu le vérifier encore dans la guerre des images qui a accompagné le drame de Gaza de décembre 2008, où la population musulmane de France était devenue subitement si importante qu'il *fallait* une femme *voilée* sur les plateaux. On a pu voir et entendre à une émission de grande écoute, que le voile pouvait être aussi le passeport de la bêtise. Qu'importe ce qu'a dit cette jeune femme voilée, elle avait remplie son office par sa présence et son uniforme musulman. Tant pis pour les Palestiniens chrétiens, ils n'étaient pas représentés.

Les travestissements du sens

La question du voile n'a cessé de se poser et de se reposer au long de notre histoire. Nous en avons acquis une longue et riche expérience, pleine de pièges et de chausse-trappes, qui nous a rendues, à juste titre, suspicieuses. Le voile, en effet, a été constamment utilisé, instrumentalisé dans l'espace public et politique. Et il a chaque fois été le véhicule puissant de messages déterminants. Les femmes elles-mêmes en ont fait à certaines occasions un moyen d'expression. Ainsi, à la fin du XVIIIe siècle lors de la destitution de Salah Bey par le dey d'Alger. Quand Salah Bey apprend la nouvelle de sa chute, le 8 août 1792, il s'y oppose et entraîne avec lui les habitants de la ville dans une insurrection qui se termine dans le sang. Le rebelle a été arrêté et étranglé le 1er septembre 1792. Depuis ce jour, toutes les femmes de la ville et toutes celles de l'est du pays recouvrent entièrement leur corps d'un voile noir pesant, la *m'laya* aux plis lourds et austères, abandonnant le voile blanc, le haïk de soie et de laine légère que l'on portait dans les autres villes d'Algérie.

Ce haïk blanc a presque disparu aujourd'hui, remplacé par des tenues d'obédiences islamiques diverses, qui vont du foulard à la burka noire. Il est loin maintenant le temps de ma grand-mère qui avait coutume de sortir en visite vêtue de son haïk en soie blanche, bien repassé, et qui l'enlevait cérémonieusement quand elle rentrait dans sa demeure de Saint-Eugène, dressée sur le boulevard du front de mer dans le quartier des Ottomans à Alger. Elle le posait sur la commode de nacre, dans l'entrée. Pour bien faire comprendre la différence avec le voile actuel, mais également pour rappeler mon appartenance et ma tendresse à l'égard de ce monde, lorsque j'ai été entendue par la Commission Debré de l'Assemblée nationale sur la loi sur les signes religieux à l'école, j'ai tenu à dire, que si ma grand-mère avait été là, elle aurait été voilée et que j'en aurais été fière. Elle aussi aurait été fière ; elle aurait, sans doute, écouté mon discours pour la liberté des petites filles avec bienveillance. Sans doute ? Qui sait ? Le féminisme ne fait pas seulement de la peine à Dieu, mais parfois aussi aux grands-mères.

Ce voile, qui est devenu pour moi le symbole de la régression de nos sociétés, a aussi fait partie de *mon* histoire, de l'histoire des femmes, des petites filles de ma famille quand, pour la première fois on l'« enlevait ». Les sœurs et cousines de mon père se sont dévoilées pour aller à l'école. Il leur arrivait de le porter encore dans certaines circonstances ; les liens charnels avec ce vêtement, pourrait-on dire, n'étaient pas rompus. L'enlever n'était pas un reniement ; pour aller au hammam, au cimetière, par exemple, elles le remettaient avec aisance et simplicité. Elles le portaient aussi dans certaines villes pour visiter certaines familles. Ma mère, jeune épousée européenne, l'a porté parfois lorsqu'elle faisait ses premiers pas dans la maison de mon père. Dès son arrivée, elle voulut se faire musulmane, à la grande surprise de mes grands-parents qui la dissuadèrent : « Tu es très bien ainsi. » Elle avait été séduite par cet islam que pratiquaient les hommes et les femmes de cette famille de marchands, ouverte sans complexe sur le monde, sur la France aussi. La tolérance dont ils faisaient preuve était une chose nouvelle pour elle, élevée dans les règles strictes du catholicisme espagnol. Elle se fit plus tard, et seule, musulmane. Mais c'est une autre histoire. Je voulais simplement montrer ici comment les mœurs évoluaient lentement mais sûrement dans ces familles musulmanes, accompagnant les désirs nouveaux des femmes et des petites filles, vers toujours plus de liberté. Je pensais que l'indépendance et le socialisme feraient le reste. Mais l'Algérie socialiste se contenta seulement des premiers pas. C'est cheveux au vent que, dans les années 1960, les petites filles prirent le chemin des écoles que l'Algérie libérée et socialiste avait ouvertes jusque dans les coins les plus reculés des montagnes, du désert et des campagnes. Elles portaient des jupes sous des tabliers à carreaux ou des petites gandouras de couleurs vives que l'on voyait de loin sur les chemins de pierre des montagnes kabyles ; leurs cartables se balançaient près de leurs corps graciles et libres.

La religion musulmane traditionnelle algérienne qui a nourri ces enfances a disparu elle aussi, comme le haïk blanc, supplantée par une nouvelle religion qui se dit musulmane, et qui est pourtant si différente. L'islamisme d'aujourd'hui n'est pas un retour à la tradition, comme on le dit trop souvent, mais un phénomène contemporain qui répond à des attentes d'aujourd'hui. La religion de ma grand-mère n'aurait aucune chance de convaincre dans les banlieues françaises, ni dans les universités algériennes. Comme la musique andalouse, les mœurs musulmanes douces et tranquilles des grandes maisons ottomanes, les jardins et leurs effluves de jasmin, les visites des Algérois musulmans à Notre-Dame d'Afrique en hommage à Marie et son fils Aïssa, cet islam éclairé, tolérant et rassurant, maître de cérémonies depuis toujours de nos joies et nos peines, mariages, circoncisions, deuils, fait partie du passé ou du moins s'est réfugié dans l'ombre. A disparu aussi, ou ne se fait plus entendre, l'islam tranquille de l'homme des montagnes — et il y en a dans mon pays —, du paysan des terres arides — et il y en a dans mon pays —, du nomade des déserts — et il y en a dans mon pays —, qui accompagnait, serein et intense, les allées et venues de ces musulmans pauvres comme Job, vivant au rythme des saisons et des besoins du corps, trouvant dans la parole de Dieu et de son prophète le complément d'âme qui leur permettait d'affronter la rudesse de la nature et de l'histoire sans perdre espoir. Avec un fatalisme qui, certes, parfois m'agaçait, mais dont je comprenais les vertus. Le temps a passé sur tout cela. Que reste-il de la tolérance des anciens ? Que reste-il de nos espoirs de liberté et de nos projets qui accompagnaient les petites filles sur le chemin de l'école ? La religion n'a pas suivi les méandres de la vie. Voiler les femmes musulmanes est aujourd'hui instrumentalisé par les islamistes ; ils en font un dogme religieux impératif pour pousser aussi loin que se peut la ségrégation sexuelle; la dissimulation du corps des femmes semble être devenue l'unique préoccupation des musulmans de tous les continents.

Revenons en arrière. Le voile a été aussi un symbole utilisé par les mouvements nationalistes contre le colonisateur. Le mettre ou l'enlever prenait chaque fois une signification politique. Disons pourtant que, lorsque les femmes l'ont enlevé collectivement, c'était de leur chef et qu'elles mettaient les hommes devant le fait accompli, profitant d'événements exceptionnels. Les Algériennes qui se sont dévoilées pour dire leur joie le 5 juillet 1962, dans les rues d'Alger libéré, n'ont pas demandé l'autorisation à leur mari, ni celle de leurs fils, ni celle leurs frères qui ne purent rien devant cette déferlante de joie et de liberté. Les Égyptiennes, en 1929, furent les premières à transgresser cette loi. C'était lors d'une manifestation contre le mandat britannique organisée par le Wafd, le parti nationaliste qui incarna longtemps pour les Égyptiens la lutte pour la libération du pays. Les hommes étaient menacés d'arrestation et de déportation, les femmes furent placées à l'avant du cortège, avec à leur tête Huda Sharawi, la fondatrice de l'Union féministe égyptienne et du féminisme arabe. Les Égyptiennes, vingt-cinq ans avant *Le Deuxième Sexe*, cinquante ans avant le dépôt de gerbe à l'Arc de triomphe pour la Femme inconnue du soldat par les féministes françaises, cinquante ans avant que les Américaines enlèvent leur soutien-gorge et le brandissent dans les rues de New York, se dirigèrent vers le Nil et y jetèrent leur voile. L'opinion égyptienne fut extrêmement choquée. Déjà, quelques mois auparavant, à la gare Ramsès du Caire, Huda Sharawi avait scandalisé en descendant dévoilée du train. Elle revenait du Congrès féministe international de Rome. Elle scandaliserait de nouveau aujourd'hui Le Caire où presque toutes les femmes sont voilées : musulmanes, coptes, femmes d'Alexandrie, Nubiennes, étudiantes, bourgeoises et mendiantes, vierges et prostituées... C'est la revanche de la « loi du harem » que la féministe arabe osa enfreindre la première. Fille d'une esclave circassienne et d'un grand propriétaire, Huda Sharawi avait été élevée dans un harem. Le harem était une pratique aristocratique qui ne ressemblait en rien aux écrits orientalistes qui ont fait sa fascination sur les esprits occidentaux. Femme de la haute société cairote, elle osa rejeter la culture de sa classe en s'attaquant à un de ses principes, la ségrégation des sexes, principe garanti à l'extérieur du *harem* par le port du voile.

Pendant la colonisation de l'Algérie, les Français se sont intéressés également au voile. Pousser les femmes à se dévoiler les aiderait à les conquérir, pensaient-ils, et conquérir les femmes, c'était garder l'Algérie... C'est ainsi que Mme Sid Kara, *Française musulmane*, qui fut la première femme à occuper une fonction gouvernementale en France, en qualité de secrétaire d'État du gouvernement du général de Gaulle, brûla des voiles blancs sur la place du Gouvernement d'Alger en 1958. À l'ombre du Général, qui de son côté liquidait la résistance intérieure, la campagne « d'émancipation des femmes » connotera négativement, et pour longtemps, dans la mémoire algérienne, cette idée d'émancipation des femmes. Dans ses écrits sur la société algérienne colonisée, Frantz Fanon, dont le métier de psychiatre acérait le regard, fut le premier à réfléchir aux méandres du travestissement du voile. Dans son article « L'Algérie se dévoile » qui figure dans *L'An V de la révolution algérienne*, publié en 1959 chez Maspero, il montre bien la complexité des représentations du voile et l'ambivalence de ses significations. Le voile représentait la protection de l'identité de l'Algérie, celle des femmes et celles des hommes, et son enjeu était d'affirmer la volonté du peuple algérien d'être libre, et non de *voiler les femmes*. Fanon énonçait là clairement les données du piège qui se refermerait sur les femmes algériennes. Il n'est pas rare d'entendre prendre la défense du voile d'aujourd'hui au nom de sa signification d'hier. Même si les images des résistantes algériennes que nous gardons en mémoire sont celles de femmes dévoilées. Même si les femmes se sont massivement dévoilées une fois l'indépendance venue.

L'histoire des femmes algériennes est bien la preuve que, quelle que soit la raison, on ne peut pas utiliser sans conséquences des discours, des signes ou des pratiques antiféministes, fût-ce au nom d'une identité culturelle, d'une différence, d'une révolte, de l'indépendance d'un pays. Preuve encore, la mise au purgatoire du mot « émancipation » que je reprends à Mme Sid Kara, en mesurant les foudres que cela peut déclencher. Il est temps de sortir ce mot de l'interdit où l'histoire de la libération l'a mis et de désacraliser le voile. Ce travail de réappropriation est plus que jamais nécessaire aujourd'hui où, jusque dans le cœur des grandes villes, le nombre de petites filles voilées qui attendent que sonne la cloche de la récréation montre, à l'évidence, que nous allons dans un sens quasi irréversible, et que si on y rajoute les étudiantes qui sont elles aussi presque toutes voilées, il nous faudra dans un avenir très proche accepter l'idée, que si l'islamisme politique a échoué, l'islamisation des mœurs est en passe de réussir.

Étendard contre la société dominante en Europe ou subterfuge pour mieux y réussir, résistance à la colonisation dans le passé en Algérie, acte politique en France des jeunes femmes islamistes contre les pouvoirs en place, dans tous les cas de figure l'image de la femme voilée a acquis une légitimité de moins en moins contestée dans les sociétés européennes, sans perdre pour autant son pouvoir normatif sur le rapport des sexes. Les travestissements du voile n'enlèvent rien au *sens* du voile. L'ignorer serait ignorer le travail souterrain de ce parangon dans nos sociétés et le porter, pour l'une ou l'autre raison, met en branle un ensemble de représentations, de symboles qui fonctionne avec l'accord ou au corps défendant, c'est le cas de le dire, de celles qui en usent pour exprimer leur *identité,* leur *culture,* leur *religion.* Leur *liberté,* disent-elles. Les intentions des jeunes filles et des femmes voilées, aussi libres se croient-elles dans leur choix de se voiler, ne peuvent gommer le fait qu'elles portent le signe d'une morale qui a ses codes, qui les dépasse totalement et qui engendre une ségrégation des sexes.

La vérité nue

Présenté aujourd'hui par nos amies féministes européennes comme une simple commodité, un arrangement avec les embarras de la société, présenté par d'autres comme un droit, une liberté, une différence culturelle, évoquant la tolérance ou le pragmatisme, le voile s'impose sans violences. Tous ces discours et explications endorment notre vigilance. En Iran, le voile mobilise contre lui, tandis qu'en Europe, il est donné pour un choix. La ségrégation qu'il induit et les dispositions prises pour la mettre en œuvre ne sont plus *pensées*. Cet effort critique est d'autant plus difficile que, concernant le voile, la ségrégation sexuelle s'opère de manière difficilement décryptable. Les femmes iraniennes voilées ne sont-elles pas bien implantées dans la vie économique du pays ? Ne voit-on pas des jeunes filles portant le voile avec un jeans, le nombril à l'air, et un maquillage outrancier ? À partir de ces images superficielles, les scrutateurs des sociétés dites arabo-islamiques glosent sur la modernité des pratiques islamiques et tiennent des discours optimistes et doctes sur la capacité de l'islamisme politique à participer, voire même à établir une démocratie dans les pays à majorité musulmane, tenant les exemples précités pour preuves de la participation des femmes voilées à la vie publique. Une fenêtre sur l'avenir, disent-ils !

Cette cécité sévit dans les milieux les plus inattendus. Invitée par l'École nationale de la magistrature française à une session de formation continue des magistrats, en septembre 2008, un magistrat, après mon intervention, fit référence à celle d'un sociologue français qui s'était exprimé la veille sur les femmes iraniennes en Iran. Son analyse, me disait-il, était en flagrante opposition avec mon propos. Il reprit les arguments de ce chercheur sur le *bonheur* des femmes iraniennes. Tandis que je le voyais s'enferrer, je lui souriais, l'encourageant du regard à aller plus loin, jusqu'à ce qu'il arrive à la limite de sa démonstration. Il s'arrêta de lui-même. Je laissai alors s'installer un long silence, avant de lui demander : « Vous y croyez ? » Les magistrats ont ri. J'avais enfin réussi à les sortir de l'attention polie avec laquelle ils écoutaient ma plaidoirie pour l'application de la loi en France, quelle que soit la culture revendiquée par les plaignants. J'avais, pour étoffer ma démonstration, relevé quelques exemples de dérives culturalistes dans la vie judiciaire française. Mes auditeurs s'étaient sentis attaqués et, par esprit de corps, ils s'étaient montrés plus soucieux de se défendre que de discuter des principes que j'évoquais. Je leur ai rapporté le cas de ce magistrat de province qui avait relaxé un émigré ayant battu sa femme au motif que c'était « un trait de sa culture religieuse ». J'ai aussi évoqué l'annulation récente d'un mariage pour non-virginité par le tribunal de Lille. Tous les arguments étaient bons pour les magistrats qui m'entouraient pour justifier ces décisions. Et je constatais qu'ils refusaient de discuter du fond. Indifférence, paresse ou résistance de « classe ». Ces situations sortaient de leur cadre de pensée, l'*autre* pouvait battre sa femme, puisqu'il était musulman, l'*autre* pouvait se référer impunément à la virginité puisqu'il était musulman, donc incompréhensible. Les ponts que je tentais de lancer entre nos deux mondes, avec ma vieille marotte d'universaliste, ne les convainquaient pas. Derrière leurs fronts têtus et leurs visages lisses, j'imaginais leurs questions : l'universalisme ? avec des Arabes ? des musulmans ? Elle tient un discours trop abstrait ! Et puis, une féministe ! Trop idéologique pour sérieusement discuter avec elle de droit et de pratiques juridiques... « On peut être magistrat français, machiste et antiféministe, cela n'est pas réservé aux musulmans », m'expliqua une amie féministe française à qui je racontais cette aventure.

Une autre anecdote, au Salon du livre de Bruxelles. Le public écoutait, intéressé, une jeune écrivaine iranienne présenter son livre sur la vie cachée des femmes iraniennes. Que la vie est belle sous le hijab! disait la jeune femme, vêtue bien évidemment d'un élégant tailleur et les cheveux découverts, racontant ensuite ses virées dans les soirées privées de Téhéran. Malgré l'obligation de couvrir leurs cheveux, les Iraniennes vivent pleinement leur féminité et leur sexualité, s'extasiait-elle! Pendant ce temps, assise près d'elle, je pensais, quant à moi, à mes amies iraniennes en exil, puis je me glissai dans la peau de celles qui étaient restées là-bas. Ce n'était pas la première fois que je faisais cet exercice mental douloureux. Après la victoire des islamistes aux élections de 1990 dans mon pays, je m'imaginais voilée, j'imaginais mes nièces et toutes les femmes que je connaissais voilées! Et, à cette époque, ma petite-nièce n'était pas encore née, cette enfant si blonde, si éveillée, si ardente devant le mystère de la vie, si douée quand elle prend des crayons de couleur pour dessiner le monde, si belle, cette petite-nièce qui aurait été, elle aussi, obligée de se voiler sous un régime islamiste, comme la mère de son arrière-grand-père! Était-ce *pensable*? Un cauchemar éveillé. Réveillons-nous et pensons qu'une enfant est une enfant, même si elle est iranienne, même si elle est algérienne. Quand est venu mon tour de parler de mon livre, je me suis adressée à l'écrivaine et je lui ai conseillé de lire ou relire le *Journal* de Gide. Elle apprendrait que la débauche sexuelle n'a rien à voir avec la liberté sexuelle.

La liberté sous la burka est une drôle d'idée qui a pourtant de nombreux adeptes. Aujourd'hui, les officiantes islamistes gardent leur voile jusque dans leurs maisons. Le mari, le frère, le père, le cousin sont-ils des agresseurs sexuels potentiels ? Ou bien est-ce l'abnégation, l'oubli mortifère de son être, l'abandon de son corps, que je pressens devant certains visages de cire, dévorés par des traces de cernes, qui explique ces conduites ? C'est de *passion* mortelle que s'alimentent ces femmes. Que la religion est loin ! Ces mœurs, que certains appellent culture et d'autres religions, disent plus que tout, plus que le sous-emploi et l'absence des femmes en politique, l'échec criant de l'émancipation des femmes dans nos sociétés. Et des hommes également. Ces mœurs nous disent l'avilissement délibéré des femmes par une morale sexuelle triomphant de l'esprit de tous, et de ses victimes aussi.

Quand on voit les effets dévastateurs de cette *commodité* et sa propagation dans les villes, jusque dans la Tunisie de Bourguiba, on ne peut que s'inquiéter de son infiltration dans les sociétés européennes. Certains et certaines, je l'ai dit, cherchent à minimiser cette pratique. Avec quelle stupeur j'ai découvert dans *La Repubblica*, à Rome en octobre 2006, les déclarations d'Erica Jong, une des prêtresses de la liberté sexuelle des femmes, « *il velo ? È come i capelli lunghi negli anni 60* », « *Le voile ? C'est comme les cheveux longs dans les années 1960.* » Aussi désinvolte soit-elle, de la part de l'auteur du *Complexe d'Icare*, cette déclaration est lourde de sens. *Le Complexe d'Icare*, pour ceux qui l'auraient oublié, est ce livre sulfureux, publié en 1973 en pleine révolution féministe où Erica Jong parlait sans fard du plaisir des femmes. Trente-cinq ans plus tard, le voile ne lui évoque rien de plus qu'une mode passagère. C'est plaisanter avec une pratique qui ne rigole pas. « Le voile n'est pas un simple usage, il est la partie visible d'une vision du monde basée sur la coupure en deux de l'universel, les hommes et les femmes. Le voile est le signe de l'enfermement théologique des femmes et la sanctification de l'ascendant de l'*éros* musulman sur l'*ethos* musulman », écrit Latifa Lakhdar, tunisienne, historienne, professeur à l'université, chercheur sur la pensée islamique et auteur d'un livre essentiel intitulé *Les femmes musulmanes, au miroir de l'orthodoxie islamique*. Elle est la première à avoir fait des recherches sur l'éros musulman, maintenu longtemps dans un quasi-secret, ou investi par des chercheurs hommes pour la plupart qui vendent sans difficulté à l'Occident l'idée d'une liberté sexuelle qui serait contenue dans le texte coranique lui-même, oubliant de dire que c'est une liberté pour les hommes uniquement. « Élucubrations ! » dit-elle. Latifa Lakhdar, lectrice éclairée de Michel Foucault, sait de quoi elle parle. C'est dans les textes arabes de la tradition charaïque, dans leur version reconnue, qu'elle trouve la substance de sa démonstration. À travers une présentation de ces textes qu'elle replace dans leur contexte historique, qu'elle décode avec les procédés cognitifs de la pensée moderne, elle a su montrer le machisme général des commentateurs de la vie du Prophète et du Coran auquel ils ont imprimé une direction et un sens qui survit jusqu'à nous. Elle souligne dans quelle suspicion générale sont tenues les femmes dans la culture islamique, jusqu'à l'épouse préférée du prophète, Aïcha, parée de tous les défauts. Elle dévoile ainsi la peur irrationnelle que les femmes inspirent quant il s'agit, en particulier, de gouverner la cité, mais dans bien d'autres domaines encore. Bref, sa réflexion jette une lumière tout à fait neuve sur l'énigme que constitue pour beaucoup la condition à laquelle sont réduites les femmes dans le monde arabo-islamique.

Sa démonstration, qui puise ces exemples dans le début de la vie intellectuelle islamique, est d'autant plus convaincante qu'elle est confortée par une situation actuelle que nous pouvons toucher du doigt, que nous expérimentons tous les jours, renvoyant ainsi au magasin des rêves et des désirs cette idée de liberté sexuelle en Islam. À partir de ses sources, l'historienne démontre la prépondérance constante, du début de l'Islam à nos jours, de l'*éros* musulman sur l'*éthos* musulman : « J'ai mis cette idée, dit-elle, en conclusion de mon travail sur le corps des femmes dans le discours charaïque, en montrant à travers les écrits qui nous sont parvenus, combien les hommes des premiers temps de l'Islam faisaient de la virilité et de la *libido dominanti* leur capital symbolique. Cet éros théologisé à outrance a conditionné, et continue de le faire, l'éthos islamique, c'est-à-dire l'habitude et les mœurs qui devraient conduire à la définition du bien et du mal et commander la conduite des hommes et le rapport entre les sexes dans les sociétés musulmanes. »

Certes, les sociétés musulmanes n'ont pas l'exclusivité de ce trait, mais elles ont la particularité de ne pas avoir été ébranlées par les révolutions culturelles et sexuelles qui, en Occident, ont porté un coup à l'antique citadelle de la *podestat* sexuelle masculine — ce pouvoir qui, ces dernières années, s'est considérablement renforcé sous l'effet de la place grandissante occupée par le discours religieux dans les mœurs. Le discours religieux musulman a maintenant pris le relais de la vieille morale méditerranéenne sanctifiée, à l'orée de la civilisation, par la Grèce antique à travers des récits mythologiques et une réglementation stricte de la circulation des femmes, codifiée ensuite par la Rome antique qui donna droit de vie, de mort et d'usage sexuel au *pater familias*. Une morale qui, et c'est là le paradoxe, fut battue en brèche par les premières révélations du Prophète de l'Islam à La Mecque. « Le Coran ne contient pas de récit sur la création, contrairement à la relation biblique », écrit encore Latifa Lakhdar. « Dans les versets qu'il réserve à ce thème, on ne relève rien qui puisse être fondateur d'une misogynie puisant sa légitimité dans le mystère divin. Ni péché originel, ni tentation, ni pomme et vipère, ni création de l'espèce femme à partir d'un os surnuméraire du squelette de l'humain mâle. » Hélas ! La *podestat* masculine mise à mal par Mahomet fut vite restaurée et sacralisée par lui-même. Pour les besoins de sa politique, il lui fallait donner aux soldats de la nouvelle religion, dont il avait besoin pour l'expansion de son royaume, l'assurance que rien n'avait changé dans l'ordre du privé. Et ainsi fut enterré, pour des siècles, l'espoir né au cœur du Hijaz, de transformer l'ordre sexuel. L'Islam a été le premier rendez-vous raté des femmes avec l'Histoire.

Ainsi l'identité de la femme *musulmane* est très largement secrétée par une morale sexuelle donnée pour une révélation divine qui chaque jour écrit les pages d'un roman métaphysique dont elle est l'héroïne, malgré elle, prise au piège de l'éros musulman sacralisant une sexualité masculine irrépressible et souveraine. Chaque jour, consternées, nous pouvons en lire les épisodes tragiques qui vont de la ségrégation sexuelle « modérée » avec ses espaces interdits et ses modes vestimentaires, à des manifestations plus violentes comme les crimes d'honneur, les châtiments corporels, la lapidation, la pendaison, les défigurations des femmes au vitriol et les viols, qui ne sont pas spécifiques à ce monde, sauf qu'ici la jeune fille violée est considérée comme coupable — et cela jusqu'aux jeunes victimes des terroristes islamistes algériens, pendant la décennie noire des années 1990, qui généralement furent abandonnées, parfois enceintes, par leurs familles « déshonorées ».

Chaque jour, impuissante, je ne peux que constater la place exorbitante de la sexualité dans la vie des peuples arabes et musulmans. Les discours politiques, comme les discours religieux, sont tous imprégnés de sexualité. Un jour que je lisais avec impatience, dans *Le Monde*, une interview d'un haut dignitaire religieux du Caire, pour apprendre les raisons qui lui faisaient refuser qu'une femme soit iman, et cela en réponse à l'apparition de la première femme imam, la New-Yorkaise Amina Wadud, et que j'espérai parfaire ma connaissance de la pensée musulmane, le seul argument trouvé par cet homme inspiré par la parole de Dieu était que si une femme conduisait la prière, elle devait faire des génuflexions en direction de La Mecque et présenter son postérieur aux croyants, ce qui pouvait faire naître des désirs sexuels chez les hommes. Un bel exemple de l'obsession qui règne et qui commande l'ordre établi aujourd'hui entre les femmes et les hommes dans le monde musulman. Un ordre élaboré à travers un jeu complexe d'interdits dont la plupart n'ont d'autres fonctions, ou tout au moins d'autres effets, que de donner un droit moral aux hommes de posséder toutes les femmes qui ne s'y plient pas, de donner libre cours à leurs désirs et de les autoriser à passer à l'acte si les interdits sont transgressés. Des interdits présentés comme sacrés, et garantis par un code de tenue corporelle et vestimentaire qui a été établi pour juguler le désir des hommes. Interdits/autorisations, en toute légitimité *musulmane,* mettent en place un ordre social dans lequel les femmes sont les cibles désignées de l'*irrépressible* sexualité masculine. On se souvient de ce fait divers incroyable qui avait fait grand bruit sur Internet — Était-il vrai d'ailleurs ? Mais vrai ou faux, qu'il ait pu ne serait-ce qu'être imaginé et diffusé largement en dit long sur le refoulement et les phantasmes sur cette question. La scène se passe au Caire, pendant une des nuits du mois de ramadan de 2007. L'interdiction de la projection d'un film mettant en scène une actrice aux charmes évidents déclenche une émeute. La police refoule les manifestants qui protestent, furieux. Les spectateurs, frustrés, se dispersent dans les rues et s'attaquent aux passantes... On reconnaît là un bien antique scénario : l'homme chasseur, la femme chassée comme une proie, une coutume qui n'a pas perdu son emprise sur les hommes, aussi *civilisés* soient-ils. Les sociétés européennes ne sont pas complètement sorties de ces pratiques *sauvages*, elles les ont simplement circonscrites par l'organisation de la prostitution qui désigne certaines femmes à cet usage. L'homme, libre de toutes entraves morales et éthiques, trouve encore des terrains de chasse un peu partout sur les trottoirs du monde. Les sociétés ayant l'Islam comme credo débordent le cadre de la prostitution, qui existe bien évidemment chez elles, en mettant toutes les femmes dans la situation d'être prostituées, si elles ne suivent pas les règles de bonne conduite musulmane. « Prophète, dis à tes épouses, à tes filles, aux femmes des croyants de revêtir leurs mantes ; sûr moyen d'être reconnues pour des dames et d'échapper à toute offense » (verset 59, traduction de Jacques Berque). En résumé : voilez vos femmes pour qu'elles ne soient pas prises pour des prostituées. Qu'est-ce là, sinon la sacralisation d'un comportement sexuel ? Ces codifications de la vie sexuelle ne sont pas rares dans le Coran et dans la tradition charaïque, et apparaissent toujours comme la sanctification d'un épisode particulier de la vie du prophète. Aïcha elle-même, la mère des croyants, l'épouse préférée, en fit la remarque à l'occasion du mariage du prophète avec Zeïneb, l'épouse de son fils adoptif Zayd, et en réaction au verset 37 de la sourate XXXIII (les coalisés) où Dieu sommait Mahomet de conclure ce mariage, malgré le tollé que cette affaire provoquait à Médine. Elle aurait dit au Prophète : « Je vois ton Seigneur à chaque fois accourir pour répondre à tes demandes » (rapporté dans les *Recueils des hadiths*, vol. VII, p. 16, d'Al-Boukhari).

La fonction érotique du voile

Je voudrais maintenant interpeller celles et ceux qui douteraient encore. Car tout ne se joue pas dans les journaux de gauche européens, les colloques de Paris, Barcelone ou Londres, ou sous les lumières des plateaux de la télévision française où il suffit de pousser

la porte pour changer d'air. Il est, en effet, des territoires où il est impossible d'échapper à l'effet ravageur
de l'omniprésence de l'éros musulman, et où les
femmes sont de plus en plus voilées avec un résultat
désastreux et contraire aux valeurs de respect et de
réserve que prêchent les prosélytes du voile. Chaque
jour, dans les villes arabes, dans les moindres activités
de la vie courante, dans le regard des hommes dans la
rue, sur les plages, dans les cafés, on peut en mesurer
les effets, et assister à la victoire sans limites de l'éros
musulman. Tous les jours, je m'aperçois de son emprise
grandissante sur la rue arabe. C'est lui, dorénavant,
qui détermine la circulation des femmes et des hommes
dans les lieux publics. C'est lui qui organise à travers le
voile le marquage du corps des femmes en le désignant
comme tabou, et instaurant un cercle vicieux. Car les
tabous sont une disposition parmi d'autres mises en
place pour régenter la vie sexuelle des individus. Ils
sont un masque efficace qui, sous couvert d'interdit,
permet l'expression sans contrôle d'une sexualité pré-
datrice. Ils aboutissent, en outre, à de véritables
déviances pathologiques dès qu'il s'agit du corps des
femmes — la burka afghane est la forme théâtralisée la
plus achevée de ces déviances. Les tabous commandent
souterrainement les mœurs et façonnent profondément le rapport des sexes dans les pays dits musulmans.
Chaque jour des actes de barbarie à l'égard des femmes
nous sont rapportés. Une barbarie dont les médias
occidentaux sont friands et qu'ils étalent jusqu'à l'in-
soutenable : le visage dissimulé et vitriolé de cette
princesse saoudienne, celui apeuré de cette jeune Nigé-
rienne condamnée à la lapidation parce que violée et
enceinte, ces images de femmes assises à même le sol

baissant la tête devant les crosses des fusils de leur exécution, celles de ces jeunes femmes algériennes de Sidi Messaoud, la ville du pétrole, violées par une meute d'hommes déchaînés par les prédications sur le Mal d'un imam local, ou encore cette histoire d'une jeune divorcée de dix ans, ou celles de ces petites mariées mauritaniennes de six, sept, neuf ans vendues à des vieillards saoudiens. Mais de cette dernière horreur, la presse occidentale n'a rien su. Il s'agissait d'enfants d'esclaves mauritaniens. J'étais à Tunis, en janvier 2009, lorsque je l'ai apprise à l'occasion d'un séminaire organisé par le Collectif Maghreb Égalité sur la question de l'héritage dans la tradition coranique qui donne à la sœur la moitié de ce que reçoit son frère.

Je sais que l'on ne peut, que l'on ne doit pas ramener ces pratiques à une quelconque religion, car toutes, dont l'islam, les condamnent. Mais que penser de la morale des pays où se passe ce trafic de petites filles quand on sait que l'islam est la Loi qui régit exclusivement la vie sur terre et dans le ciel des hommes et des femmes de ces pays ? La Mauritanie, d'où viennent les petites mariées, et l'Arabie Saoudite où elles sont vendues, sont des pays charaïques. N'est-on pas en droit de demander à cette morale musulmane tant défendue, tant vantée pour ces capacités d'organiser la vie des hommes sur terre — tant et tant qu'elle rendrait la laïcité immorale —, ce qu'elle fait pour protéger les petites filles vendues, violées, torturées comme ces petites Mauritaniennes par des vieillards, musulmans et pratiquants ?

Toutes ces horreurs n'obtiennent pour toute réponse qu'un silence fracassant tombant du ciel des musulmans. Si bien que les *autres*, les chrétiens, les enfants des Lumières, les démocrates, les laïcs, s'attribuent à tort, et à bon compte, l'exclusivité de la morale et de la civilité. Ils oublient que les corps des petites filles ne sont pas plus à l'abri sous le soleil des pays du Sud que dans les villes brumeuses de l'Occident.

Au cœur de cette *folie*, se trouve l'obsession de la virginité qui sacrifie depuis toujours les femmes, fussent-elles musulmanes, au culte d'Humên, le dieu grec du mariage, avec son cortège de pathologies : l'importance démesurée accordée à la préservation de cet hymen, le drame des naissances hors mariage avec abandon d'enfant ou infanticide, les fuites sans issue des jeunes filles enceintes devant la furie meurtrière du père, des frères, et enfin, ce qui est moins connu, l'usage abusif de la sodomie et ses traumatismes cliniques. Ce n'est pas là une analyse personnelle, ni celle de mes amies, psychanalystes, médecins, militantes féministes des centres d'écoute, des refuges de femmes, qui *font* les hôpitaux la nuit pour apporter une aide morale à des jeunes femmes en détresse, c'est une chose dont on parle sur la place publique, à Alger au moins. Ainsi, les mécanismes de contrôle de la vie sexuelle par le jeu des interdits/transgressions, et toutes les aberrations qui y sont liées, ont été très récemment expliqués avec force détails par un magazine féminin algérien, grand public, le *Dzeriet*, de février 2009, en vente dans les kiosques d'Alger. Un hebdomadaire luxueux, du type *Elle* ou *Marie-Claire* en France, qui, entre les rubriques people, maquillages, mode, cuisine et voyages, consacre pour ce numéro au moins, toutes ses pages société à la sexualité. Il n'est plus interdit d'en débattre. Invitée en mars 2009, avec Latifa Lakhdar, à rencontrer les étudiants d'une grande université scientifique près d'Alger, dans le cadre de séances organisées par ces derniers et un groupe constitué de psychanalystes de différentes villes d'Algérie, pour aborder la question des rapports des sexes en Algérie, j'ai pu le vérifier. La sexualité est bien au centre des préoccupations des jeunes Algériens, et ils en parlent. La virginité, la prostitution, le harcèlement sexuel sont des sujets qu'ils abordent avec courage et colère. Il est clair pour la majorité d'entre eux que la religion participe de l'hypocrisie sociale et du contrôle de leur vie. Elle est même, disent-ils, une des raisons qui les pousse à quitter le pays sans regret.

Mais tout le monde n'a pas un discours de raison sur le sujet. Rien ne peut rassurer les pères voulant protéger leurs filles, rien ne peut calmer les frères voulant protéger leur honneur en persécutant leurs sœurs, et davantage encore. C'est le drame de toute une société effrayée par l'augmentation des crimes sexuels, le harcèlement sexuel dans les universités et sur les lieux de travail, la prostitution, et qui tous les jours, soi-disant pour s'en protéger, enferme les femmes et sépare, ou tente de séparer, les sexes. Une société qui devient toujours plus répressive sans se rendre compte que ces phénomènes sont l'aboutissement inévitable de la morale sexuelle religieuse et de la place qu'elle fait à la sexualité masculine. La figure de la jeune femme voilée, les yeux maquillés, qui marche en fixant le sol, sa main dans celle de son fiancé, qui lui a les yeux sur l'horizon, l'air fier comme un coq, et semble prêt à tous les combats pour protéger sa femelle, est devenue celle qui représente le mieux le rapport des sexes. Les rues arabes sont une épreuve pour les femmes de sept à quatre-vingts ans, voilées ou pas. Ni l'âge ni la tenue ne sont une barrière à l'expression sans limites du *podestat* masculin dans les espaces publics.

Voir des petites filles de cinq ans voilées est devenu chose courante dans les villes comme dans les écoles. Plus la peur augmente, plus on voile les filles, toujours plus tôt et toujours en plus grand nombre, dans une poursuite effrénée du mal et de son remède, l'un amplifiant sans cesse l'autre. Mais le voile n'a jamais défendu les étudiantes contre le harcèlement sexuel... ni les employées de leur patron... même si elles sont aujourd'hui très nombreuses à être voilées dans les hôpitaux, les banques, les écoles, les tribunaux, jusque dans la salle des avocats à Alger et au Caire. La section femme du syndicat des travailleurs algériens (UGTA) a fait du harcèlement sexuel au travail un de ses thèmes de recherche et possède des données fiables et pertinentes. Elles indiquent toutes une hausse alarmante du harcèlement sexuel sur les lieux de travail qui relève non plus de comportements isolés, ou de pratiques déviantes, mais de la hiérarchisation des sexes dans l'entreprise. Ces constats, même s'ils sont encore parcellaires, sont les premiers résultats de la lutte que nous menons en Algérie et qui n'en est qu'à ses débuts. Dans les universités, la situation n'est pas loin d'être la même. Mais les victimes n'ont pas intérêt à ce que cela se sache, sinon les pères n'enverraient plus leurs filles à l'université. Sur ces questions des violences sexuelles, qui sont au cœur des préoccupations des femmes dans nos pays, les féministes s'engagent résolument et avec succès. À Tunis, c'est l'État qui s'est emparé de la question, après le travail pionnier du Centre d'écoute ouvert par l'Association des femmes démocrates de Tunisie. Au Maroc également, l'Association démocratique des femmes marocaines a réussi à faire adopter une loi sur la violence contre les femmes. En Algérie, en l'absence d'une aide publique, le Réseau Wassila fait, lui aussi, un travail remarquable et dénonce publiquement, à chaque fois qu'il le peut, ce problème.

Ainsi le voile qui a été pensé comme l'ultime recours pour protéger les femmes n'est pas une protection, il n'est pas la barrière des instincts sexuels. Il ne l'est pas parce que ce n'est pas sa fonction. Nous avons compris qu'il était l'instrument d'un discours sur la sexualité qui construit un ordre sexuel auquel toutes les femmes se soumettent progressivement. Tout est mis en œuvre pour cela. Dans une logique implacable, alors que de plus en plus de femmes, de jeunes filles, de petites filles cachent leurs cheveux et certaines parties de leur peau, de plus en plus les rues arabes s'érotisent. Plus il y a de femmes voilées, et plus leur nombre augmente. Le voile des unes dénudent les autres. En arabe algérien, pour dire qu'une femme ne porte pas le voile, on dit qu'elle est *nue*. Les islamistes, avec cynisme, reprennent cette expression et disent que le port du voile est un choix et qu'une femme est libre d'être *nue* ou pas.

Plus les femmes, les filles se voilent pour tenter de se protéger, plus il est nécessaire aux autres de les suivre. Un engrenage implacable dans lequel certains observateurs et défenseurs de la diversité culturelle veulent voir la preuve d'un retour au religieux librement consenti par les femmes, alors qu'il s'agit d'une mise au pas forcée par la violence de l'environnement social, dominé par une vision théologisée de la sexualité. C'est cette violence qui est reçue comme la marque

de la diversité du monde dans les capitales européennes, c'est cela que l'on ne peut plus discuter au
nom de la liberté et de la démocratie en France et en
Europe.

4

Pourquoi je m'intéresse
à ce qui se passe en France
et en Europe

L'islamisme européen

L'Europe est devenue le champ d'expérimentation d'un islam *modéré*, comme commencent à le désigner les politiques et les intellectuels européens, et même certains Maghrébins éclairés. Les dirigeants des pays du Maghreb aussi observent avec intérêt les métamorphoses de l'islam en Europe. Les islamistes le savent qui vont chercher des certificats de bonne conduite à Londres, à Paris ou dans les universités américaines. Quelle est la réalité de cet islam européen présenté comme modéré et moderne? Qu'entendons-nous par islam modéré, et s'agit-il d'*islam modéré* ou d'islamisme modéré? Y a-t-il donc plusieurs islams, parle-on de la même chose, les uns et les autres?

Disons d'abord que l'*européénéité* du culte musulman est une réalité. Les Français et Européens musulmans pratiquants sont nombreux et accomplissent les exigences de leur culte dans la discrétion nécessaire à la pratique de la spiritualité, dans le cadre de vie de tout citoyen européen. Ils apportent la preuve que, comme toutes les religions, l'islam peut vivre et s'épanouir dans un cadre institutionnel républicain et laïc. Ils se fondent dans les institutions, ils vont et viennent parmi vous. Ils sont la majorité. Pourtant, on ne les voit pas, on les entend peu. Si, par amalgame, ils en subissent les effets, ils ont peu de prise sur les questions que pose le surgissement de ces *autres* musulmans sur le devant de la scène, parfois en mouvements organisés.

Comme vous, comme moi, ils se posent des questions sur le sens de ces mouvements. Ils ne s'y retrouvent pas et n'identifient pas à leur croyance ces mouvances qui se disent religieuses. Pour beaucoup, il s'agit là d'une usurpation tragique. Ces musulmans, en Europe et dans nos pays, sont en permanence agressés dans leur foi. Autant sans doute que les démocrates et les intellectuels laïcs. Les mouvements politiques religieux ont pris en otage la majorité des musulmans du XXIᵉ siècle en Europe et dans les pays à majorité musulmane.

L'espace public, chez vous et chez nous, est occupé par ces *autres* musulmans qui revendiquent la charia comme règle absolue et immuable des rapports entre les personnes dans les affaires privées, jusque dans la vie publique. Pugnaces, organisés, bénéficiant de moyens matériels importants et souvent occultes, ils se sont appropriés le discours sur l'islam et réclament d'être reconnus dans *leur vérité*. Ils parlent au nom de tous les musulmans. En Europe, par la grâce de la laïcité et la vertu de la démocratie, ils sont bien implantés au cœur des républiques, dans les villes et leurs banlieues. Ils ont leurs lieux de culte, leurs écoles, leurs librairies, leurs magasins, leurs boucheries. Sur le plan de la nourriture, ils rivalisent de tabous avec les juifs. Dans certaines villes, ils ont obtenu des horaires particuliers pour leurs femmes dans les piscines publiques.

Demain, ils auront sans doute leurs universités, leurs cliniques où les femmes seront soignées par des femmes, si ce n'est déjà fait, car tout n'est pas étalé au grand jour. Leurs représentants sont écoutés par les pouvoirs publics. En un mot, ils se sont eux aussi *européanisés*. Pour leur faire une place dans le paysage européen, tout un jeu sémantique s'est mis en place pour distinguer ceux d'entre eux qui seraient fréquentables ou pas : islamistes ou islamiques, et entre les islamistes : modérés ou fondamentalistes. Vraies ou fausses distinctions ?

Mes interlocuteurs politiques, élus nationaux ou européens, que je croise dans les rencontres sur le dialogue des cultures, me trouvent « trop pessimiste ». Lors de nos conversations, ils essaient de me persuader que l'on peut intégrer les islamistes dans un processus démocratique, que l'on *doit* les intégrer si l'on veut respecter la démocratie. Le débat européen sur la modération des islamistes ne me convainc pas. Et pour cause. L'évolution des mouvances religieuses politiques dans les pays du sud de la Méditerranée, où ils n'ont à feindre ni la laïcité ni la démocratie, et encore moins le féminisme, montre que leur doctrine, basée sur l'idéologie religieuse, ne peut résister à la logique de radicalisation, puis de la violence. L'exemple de l'Algérie avec les deux cent mille morts des années 1990 est là pour nous le rappeler si nous voulions l'oublier. Cette radicalisation est le propre des mouvements fondamentalistes de tous ordres.

En Europe, on connaît bien la logique par étapes qui a permis aux mouvements fascistes italiens et allemands de s'imposer dans leurs sociétés, en séduisant d'abord les fascistes et les antisémites *modérés*, faudrait-il dire pour employer le vocabulaire d'aujourd'hui. Les preuves de cette radicalisation dans les pays arabes et asiatiques sont nombreuses et sanglantes. La dernière manifestation en date de cette course en avant est la loi autorisant le viol des femmes mariées par leur mari chiite en Afghanistan. La burka, véritable camisole de force qu'elles portent dans l'espace public, n'est pas suffisante pour satisfaire la seule règle que semblent partager dans ce pays les tribus et les clans qui s'entre-déchirent pour le pouvoir : la prépotence des mâles et l'avilissement des femmes. Il leur faut toujours aller plus loin.

Mais, disent certains, leur intégration dans un système démocratique en Europe n'apporte-elle pas la preuve que l'on peut contenir ces mouvements, susceptibles de *devenir* par contagion démocratiques et laïcs ? Avant de répondre à cette question, il faudrait d'abord savoir si, en Europe, ces mouvements méritent d'êtres définis comme démocratiques et laïcs, comme veulent le croire aujourd'hui une certaine gauche et les pouvoirs en place qui trouvent ainsi plus facile leur tâche ; ils balaient la poussière sous le tapis.

Qui sont réellement ces islamistes européens, ces musulmans modérés ? Il n'est pas simple de répondre à cette question, car ils se livrent peu, même quand ils sont organisés en associations ou conduisent des institutions, comme le Conseil représentatif de l'Islam en France. On parle beaucoup d'eux, eux restent silencieux. Ils ne nous disent rien sur leur pensée religieuse qui est la raison de leur existence dans le paysage public. Ils prétendent se rattacher à la démocratie, à la laïcité sans donner le fond de leurs convictions politiques. Ils se démasquent un peu sur les femmes, et ce serait sans doute la seule manière de mettre à l'épreuve leur rhétorique sur la démocratie et la laïcité, pour peu que l'on considère la question des femmes comme une part intégrante et indivisible de ces principes, ce qui est loin d'être le cas en France et en Europe. On leur demande très rarement de s'expliquer sur les positions sexistes qu'ils revendiquent. Même quand les occasions se présentaient, comme on l'a vu avec la loi sur les signes religieux à l'école en France, on ne l'a pas fait. Le principe d'égalité des sexes a été superbement ignoré dans le pays de Simone de Beauvoir! Le débat a porté sur le principe de laïcité. Trop contents, les islamistes et les musulmans *modérés* se sont engouffrés dans ce débat. Ils sont d'ailleurs devenus les champions de la laïcité en France. Sont-ils pour autant des laïcs?

L'islamiste laïc et moderne,
une curiosité du débat intellectuel français

Dans tous les débats auxquels participent des islamistes *modérés* sur les questions de société, ce qui me frappe d'abord, c'est le décalage temporel vertigineux qui existe entre les personnes, et le malentendu profond dans lequel est plongé leur dialogue. Cela ne signifie pas que l'islamisme soit un retour au passé. Sa contemporanéité est bien réelle, et pas seulement parce que les islamistes utilisent Internet et distribuent des CD : *ils sont de notre temps.* C'est ce qui explique la séduction qu'ils exercent, sur les jeunes en particulier. Les islamistes leur parlent sans hiatus sémantique, actualisant leurs notions pour leur conserver leur pouvoir d'attraction sur la conscience des musulmans. Ils se font comprendre et suivre, car ils se servent des attentes d'aujourd'hui pour bâtir leurs théories. Les conquêtes féministes, les conquêtes libertaires ne sont pas ignorées, ni même contestées frontalement, elles sont instrumentalisées. Ils détournent à leur profit les idées pour lesquelles nous nous sommes battues, et continuons à nous battre. Ne justifient-ils pas leur omniprésence calculée et stratégique dans l'espace public (piscines, stades, administrations), au nom du droit à l'expression de ses convictions religieuses garantie par la laïcité, le droit de se voiler à l'école au nom de ce même droit, et parfois du droit de disposer de son corps (*sic*)? Qu'est-ce que le féminisme isla-mique, sinon l'exemple d'une imposture fondée sur l'utilisation aberrante (Petit Robert : « Aberration : une image qui s'éloigne de la réalité ») de l'histoire des luttes des femmes? Nous avions déjà été mises à l'épreuve de telles pratiques par ceux qui revendiquaient pour les femmes le droit de se prostituer, au nom de la liberté de disposer de son corps, thème central de la pensée fémi-niste.

Les débats sur la laïcité auxquels participent des isla-mistes sont frappants à cet égard. Un dialogue de sourds s'installe immédiatement. Les uns et les autres emploient les mêmes mots dans un sens différent. Pour la simple raison que l'islamiste laïc n'a pas la même conscience historique de la laïcité qu'un Européen passé par l'his-toire européenne de la laïcité. Les montres des uns et des autres n'indiquent pas les mêmes heures. Imagi-nons une série télévisée dont le thème serait la machine à remonter le temps, mettant aux prises un laïciste de la Révolution française, ou un contemporain de la loi sur la laïcité de 1905, et un *laïciste* islamiste de 2009. Le dialogue paisible et courtois sur la place de la religion dans la société, comme on en voit à la télévision aujourd'hui, volerait en éclats. Pour être juste et pile à l'heure, il aurait fallu confronter cet islamiste, fervent défenseur de la laïcité, notre contemporain, avec un laïciste de la France de 1905 connaissant le danger que représente la religion, sa nature tentaculaire et envahissante. Or nos débats réunissent aujourd'hui autour de la même table un laïc né à la fin de l'histoire du laïcisme, ayant perdu jusqu'à la mémoire des raisons du combat laïc, et un laïciste islamiste *modéré*, habité par l'esprit de Dieu et la vision d'un monde régi par la loi divine, tout préoccupé de sa mission d'imposer sa religion comme conduite éthique et politique. Pour preuve le fait que dans leur presque entière majorité les islamistes refusent ce qui fonde la laïcité : la liberté de conscience, condamnée par la religion musulmane. Un laïciste musulman ne pourrait parler de laïcité que s'il condamne fermement et clairement la notion de crime d'apostasie.

La menace d'une condamnation pour apostasie pèse sur tout musulman. Elle est un obstacle à la liberté individuelle. La laïcité libère l'individu de cette menace, c'est cela qui en fait le prix, n'en déplaise aux islamistes *laïcs*. Malgré son archaïsme, la condamnation pour crime d'apostasie continue d'être une menace réelle pour toute personne, croyante ou pas, vivant dans un pays musulman. L'apostasie est bien installée dans les consciences de tous les musulmans, modérés ou non, et cette condamnation est non seulement morale, mais civile et pénale — y compris dans les pays dont le code pénal ne comporte pas de textes punissant directement ce crime.

Cela s'est passé au Caire. Cité comme témoin de moralité par la défense du meurtrier de l'intellectuel égyptien Farag Fouda, assassiné en 1992, un très haut dignitaire religieux d'Al Azhar a déclaré solennellement, devant la Cour : « L'exécution de l'apostat est une obligation pour tout musulman, tant que l'État n'accomplit pas ce devoir. » L'incitateur au crime est sorti librement du tribunal. Toujours au Caire, et en l'absence de loi condamnant l'apostasie, un tribunal a statué sur ce *délit* et déclaré apostat un chercheur en sciences sociales qui étudiait de trop près le Coran et les dires du Prophète. Dans ces cas-là, le tribunal complète en général sa condamnation par la dissolution du mariage du délinquant, s'il est marié, et ce en dehors de l'avis de l'épouse, suivant ainsi la règle d'origine coranique reprise par tous les droits positifs des pays musulmans, Tunisie comprise, qu'une musulmane ne peut épouser qu'un musulman ; elle ne peut donc rester liée par les liens du mariage à un apostat. Cette sentence peut également, et *contre toute légitimité religieuse*, prononcer le divorce dans le cas de la condamnation pour apostasie d'une femme. C'est ce qui est arrivé à Nawal el Saadawi. La féministe égyptienne a été déclarée apostate à propos d'une pièce de théâtre, et son divorce a été prononcé par les juges. Encore une fois, ce n'est pas de religion qu'il s'agit ici, mais d'intolérance fanatique, de haine et de peur mélangée devant l'esprit de liberté des femmes et des hommes. Les Algériens ont connu les effets tragiques des sentences charaïques. Ils se souviennent encore des fatwas qui pesaient sur les intellectuels pendant le terrorisme islamique dont a rendu compte le journal algérien *El Watan* du 23 août 2005 à l'occasion d'un colloque à Alger sur l'apostasie : « Quand une personne est déclarée apostate par un mufti quelconque, c'est pour autoriser son assassinat et le justifier vis-à-vis de la charia. Et c'est dans ce cadre charaïque qu'a lieu l'assassinat, depuis 1992, d'intellectuels algériens, considérés à la suite d'une fatwa comme apostats passibles de la peine de mort, verdict rendu par défaut, mais irrévocable et sans appel, et dont l'exécution est un devoir religieux, selon les tenants de l'Islam traditionaliste. »

Réalise-t-on que les islamistes européens, qui exigent de se faire accepter au nom de la laïcité, n'ont pris aucune distance avec cette règle d'un autre temps ? Que reste-t-il du concept de la laïcité si on l'ampute de la liberté de conscience ? Dans la vieille Europe qui vit sa laïcité avec une certaine atonie, la laïcité est devenue la porte ouverte à toutes les formes de religiosité. Par respect des religions, on ferme les yeux sur ce qui se passe dans leur giron. La laïcité permet aujourd'hui, dans les pays où elle est la règle de gouvernement, toutes formes de pratiques dites religieuses, même quand elles sont contraires aux engagements découlant des conventions internationales, aux lois européennes et même nationales de ces pays. C'est ainsi qu'en France, la loi de 1905 sur la laïcité est devenue une loi promotionnelle des religions.

Que dire alors de la diversité culturelle, liquide amniotique de notre modernité, qui est la grande question du post-modernisme ? Elle exerce une telle fascination sur les esprits *modernes* que des intellectuels, sans craindre le paradoxe, expriment en son nom leur soutien à des mouvements dont la nature est d'être contre la diversité. Il suffit de faire un tour dans les banlieues, ou dans les pays où les fondamentalistes tiennent majoritairement la rue, pour s'en rendre compte. Il suffit d'aller sur une plage dans les environs d'Alger, s'y faire agresser par toute une famille d'*islamistes modérés*, de *musulmans ordinaires*, femmes comprises (celles-ci étant venues se baigner dissimulées des pieds à la tête), de se faire injurier parce que l'on est en costume de bain, au point d'être obligé de plier sa serviette et de quitter les lieux, pour prendre la mesure de la diversité culturelle dans les pays de l'Islam aujourd'hui. Il suffit de se faire agresser dans le petit train qui mène de Tunis à Sidi Bou-Saïd, à cause de son chemisier sans manche, ou légèrement échancré sur la poitrine, et d'être regardée comme une proie possible par les hommes et comme « une putain » par les femmes voilées, pour prendre la mesure de la propension à la diversité culturelle des sociétés à majorité musulmane. Ils n'entendent pas les différences *culturelles*, si petites soient-elles, à Alger, Tunis, Rabat, dans les banlieues de chez vous, ceux que vous défendez au nom de la diversité. Ils n'entendent pas la liberté de parole de leurs lettrés, de leurs savants, de leurs intellectuels, de leurs féministes, ceux qui sont défendus au nom de cette liberté. Non seulement ils s'en prennent aux *mécréants* de leur temps, féministes, journalistes, écrivains, poètes, psychanalystes, acteurs, peintres bien vivants, trop vivants pour eux, mais leur vigilance folle remonte les siècles et déterre les morts. En Égypte encore — ce grand pays semble avoir définitivement sombré dans la culture islamiste —, ils s'en sont pris récemment à un très vieux monsieur du XIIᵉ siècle et à son œuvre. Un député islamiste a posé une question orale au ministre de la Culture sur le colloque *Ibn' Arabî en Égypte, carrefour de l'Orient et de l'Occident*, qui a eu lieu au Caire du 13 au 16 décembre 2008. Ce colloque, arguait ce député, était une violation d'une décision du Parlement interdisant toute publicité pour la pensée d'Ibn' Arabî dans la mesure où elle semait le doute sur les croyances islamiques et les fondements de la religion. Fin de citation.

La *conscience musulmane* en paix, les islamistes dits modérés se pavanent sur les boulevards de la modernité européenne. La liberté au nom de laquelle ils exigent d'être acceptés sans modifier leurs comportements, la différence au nom de laquelle ils sont acceptés avec leurs us et coutumes, au nom de laquelle ils obtiennent le passe-droit exorbitant de vivre selon une morale et une ségrégation sexuelle contraire au principe fondamental de l'égalité des hommes et des femmes, ils ne les accordent jamais à ceux de leur communauté. Pas plus en Égypte, en Algérie, que dans certains microcosmes en France.

Une intelligentsia musulmane timorée

On m'objectera qu'il faut se féliciter de l'évolution des sociétés européennes, de leur ouverture au monde musulman et à l'islam, et qu'il n'y a pas de raisons de perpétuer cette vieille acrimonie à l'égard de la religion, islam ou autre. La laïcité ouverte, comme l'on dit maintenant, est un progrès dont il faut faire bénéficier les Européens de culte musulman avec la même égalité de traitement que les autres religions européennes. J'aurais été pleinement d'accord si l'islam avait subi l'épreuve d'une révolution laïciste comme l'a subie la religion chrétienne profondément ébranlée par la Réforme, s'il avait été traversé par les Lumières, par les développements intellectuels qui n'ont cessé de marquer la pensée européenne et la pensée religieuse européenne elle-même ; si dans sa pratique aujourd'hui le culte musulman était porteur de cette tolérance, de cette diversité culturelle si présente en Europe, et dont les populations émigrées bénéficient grandement. Et surtout si, à l'intérieur de cette communauté religieuse, il existait un courant de pensée moderne qui puiserait ses moyens et son courage dans l'histoire occidentale. Mais la civilisation et le monde musulmans ont, paradoxalement, connu leur renaissance avant le Moyen Âge dans lequel ils semblent avoir sombré. La pratique du culte s'est figée, elle est tombée entre les mains de mouvements radicaux qui, par beaucoup d'aspects, se présentent comme des hérésies. Le wahhabisme, triomphant, d'abord grâce à la complicité des Anglais qui voulaient la fin de l'Empire ottoman, puis grâce au pétrole des Ibn' Saoud, a enterré l'Islam des Lumières et plongé notre monde dans les ténèbres. On pourrait nuancer et rappeler le mouvement soufi, mais il est la bête noire des islamistes dans nos pays, malgré les efforts de certains États comme le Maroc ou l'Algérie pour le favoriser et le présenter comme une alternative à l'islamisme. On pourrait rappeler les penseurs de l'Islam qui n'ont jamais cessé de critiquer la raison islamique, pour reprendre l'expression favorite de Mohammed Arkoun, spécialiste de la pensée islamique qui ne peut s'exprimer sans crainte que dans les universités européennes et américaines. On pourrait nommer les Nouveaux Penseurs de l'Islam, mais ils sont ostracisés à l'intérieur du monde musulman par les peuples et les gouvernements, et nombre d'entre eux ont été condamnés par des tribunaux pour avoir exercé leur esprit critique, ou vivent en exil. La dernière atteinte à la liberté de pensée dans le monde islamique est la fatwa lancée le 14 mai 2009, sur le Net, contre vingt-trois chercheurs et écrivains tunisiens, formant une communauté de pensée autour de Abdelmadjid Charfi, essayiste, islamologue, professeur à l'université de Tunis, directeur d'une collection qui accueille ces intellectuels, menacés de mort aujourd'hui. Ajoutons, ce qui renforce nos suspicions, que l'islam est représenté par des mouvements qui en réclament l'exclusivité, issus des Frères musulmans, du FIS algérien et d'autres mouvances liées à des degrés divers à des doctrinaires légitimant l'usage de la violence contre les apostats à l'intérieur de la communauté des croyants et, à l'extérieur, contre les *infidèles*. Les islamistes n'ont pas tourné le dos à ces mouvements, n'ont pas pris de distance vis-à-vis d'eux. Nous nous souvenons encore avec indignation du baiser donné par un membre du Conseil représentatif de l'Islam en France au vieux leader barbu du FIS algérien, Abassi Madani, en exil en Syrie.

Interrogeons-nous sur la position de l'islam européen *dit modéré* vis-à-vis de la violence islamique et du fanatisme religieux dont nous observons les manifestations chaque jour. Quelle est la position des mouvements islamistes européens face aux crimes commis au nom de l'Islam en Europe et partout ailleurs? Je n'ai rien entendu qui ressemble à l'indignation soulevée dans le monde chrétien par les paroles du pape sur l'usage des préservatifs dans une interview précédant son voyage en Afrique, en mars 2009. Même certains évêques ont pris leurs distances avec les propos du guide infaillible de l'Église catholique. Les chefs d'État européens ont été plus tranchants; ils ont exprimé leur inquiétude devant les conséquences des propos du pape. Ils l'ont exprimé publiquement, solennellement, assumant leurs responsabilités de leaders politiques. Nous les avons entendus. Là, c'est le silence, alors que tous les jours on apprend que par des actes, des paroles, des décisions, des fatwas, au nom de l'Islam, on encourage, quand n'ordonne pas, des crimes. Quel chef d'État arabe s'est prononcé contre ces actes barbares ? Quand verrons-nous une grande conférence réunissant les chefs d'États des pays musulmans pour condamner les crimes que l'on commet au nom de l'Islam ?

Comme ceux qui pensent que la réforme de l'islam peut jouer un rôle déterminant dans l'émergence d'une conscience moderne, j'attends une condamnation des violences, des crimes et autres formes de barbarie, notamment à l'encontre des femmes, par les islamistes que l'on dit modérés et par les musulmans en général. Et par ceux qui prétendent parler en leur nom. Leur silence persistant jette un doute sérieux sur les déclarations d'intention de modération, de démocratisme, de laïcité, de républicanisme dont les islamistes et leurs défenseurs européens nous rebattent les oreilles. Que devraient faire ou dire les musulmans *modérés* européens et, en premier lieu, leurs intellectuels, pour nous convaincre qu'ils poursuivent le but d'une nouvelle pratique religieuse, débarrassée des règles incompatibles avec notre conscience moderne, comme la lapidation, la polygamie, les mains coupées, l'inégalité dans l'héritage, la ségrégation sexuelle ? Qu'attendent les musulmans *modérés et modernes* pour dénoncer tout cela ? Le temps presse. À la question qui lui a été posée à la télévision française, « Condamnez-vous la lapidation ? » Tariq Ramadan ne devait-il pas dire à haute et intelligible voix que dans le Coran la preuve de l'adultère qui entraîne la lapidation est une preuve impossible (il faut que quatre témoins aient assisté à l'acte sexuel) et déduire, avec nous, qu'il faut l'interdire dans tous les pays, y compris ceux qui vivent sous la charia ? Lui et ses amis savants n'ignorent pas que les conditions politiques de son époque empêchèrent le Prophète d'aller jusqu'au bout de son projet de transformer sa société, et notamment le rapport entre les sexes, même s'il donna, pour la première fois dans l'histoire de l'humanité sans doute, des droits aux femmes. N'était-ce pas là l'occasion de reprendre le cours de l'Histoire ? De restaurer la pensée islamique dans ce qu'elle avait de plus novateur ? À quoi servent le savoir, l'intelligence et la volonté de peser moralement sur sa société s'ils ne vainquent pas l'immobilisme, les archaïsmes, les superstitions, s'ils n'aident pas à sortir de la sacralisation de la morale sexuelle patriarcale qui l'a emporté, à ce jour, sur les projets du Prophète de l'Islam ?

Je me suis pliée à contre-cœur à cet usage du commentaire du Coran pour expliquer le sens de la lapidation et montrer qu'il s'agissait là d'une fausse autorisation, comme pour la polygamie qui est permise en même temps qu'elle est moralement interdite, puisque seul le Prophète pouvait en remplir les conditions dictées par Dieu. Je m'y suis pliée comme l'ont fait depuis un siècle et plus des musulmans, hommes et femmes de culture, des intellectuels, les féministes arabes, tous et toutes s'évertuant à montrer le sens humaniste des injonctions coraniques. Un travail critique dans lequel se sont épuisées les meilleures volontés, et pour lequel de nombreux hommes et femmes des pays musulmans se sont retrouvés au ban de leur société, condamnés à l'exil, quand ils ont trouvé le temps et l'occasion de fuir. Un travail décourageant, et qui a découragé bon nombre de féministes et d'intellectuels qui ont définitivement renoncé à faire évoluer de l'intérieur le discours religieux. Je fais partie de ce courant de pensée qui considère que la seule voie pour l'émancipation des femmes musulmanes est le féminisme laïc et universaliste. Je me suis pliée à cette exégèse de la pensée coranique pour mieux dénoncer ce qui est le frein principal de l'évolution de la pensée musulmane dans les sociétés d'aujourd'hui ; je veux parler de la *pusillanimité* de l'intelligentsia musulmane. J'ai voulu montrer que celui qui occupe *de facto* la place de porte-parole des musulmans éclairés en Europe, Tariq Ramadan, musulman « profondément occidental », comme il a déclaré l'être au journaliste du *Point* en juin 2009, n'aurait pas pris un grand risque en condamnant la lapidation. Malgré cela, il n'a pas trouvé les moyens de ce courage, aussi minime fût-il.

Ma conviction profonde est que, même s'il n'en était pas ainsi, dans le texte et dans l'esprit du Coran, le leader des musulmans *modérés* européens en France avait le devoir de condamner la lapidation et de dire qu'elle était incompatible avec la conscience musulmane. Car que nous nous importe qu'il soit *modéré* !

Ce mot ne veut pas dire grand-chose et il est à la source de notre malheur. Il occupe une telle place aujourd'hui sur l'échiquier politique qu'il faut nous y arrêter. Ce n'est pas de modération dont nous avons besoin, mais de courage moral à l'intérieur de la communauté des croyants. Il a manqué à Tariq Ramadan le courage d'utiliser son ascendant, son prestige de petit-fils du fondateur du mouvement des Frères musulmans, pour vaincre les archaïsmes contenus dans le Coran et la tradition charaïque. J'aurais alors commencé à croire à l'Islam moderne. Qu'a-t-il proposé pour venir en aide aux victimes et arrêter les bras assassins des lanceurs de pierres ? Un moratoire ! Au XXIe siècle ! Ici, hélas, plus que l'expression impérieuse d'une foi, je vois la marque d'une peur qui pèse sur notre devenir. S'il a choqué les Européens, il a étouffé nos espoirs de voir un esprit brillant, nourri par les meilleures universités européennes et américaines, apporter un souffle d'intelligence et de raison à l'Islam d'aujourd'hui. Les musulmans attendent encore le leader qui les fera entrer dans l'Histoire.

J'ai rencontré le petit-fils du fondateur des Frères musulmans, à Naples, dans un groupe de réflexion réuni et financé par un universitaire américain, gestionnaire dispendieux de fonds saoudiens pour une meilleure connaissance de l'Islam, et dont je n'étais pas l'invitée directe, on s'en doute bien. Alors que Ramadan s'évertuait, et réussissait, à se faire passer pour un fervent laïc devant les autres participants, je lui ai demandé comment il pouvait s'affirmer *musulman et laïc* si, préalablement, il ne se prononçait pas sur le principe de la liberté de conscience, interdit en Islam. Je lui ai demandé aussi ce qu'il faisait des discriminations à l'encontre des femmes contenues dans le Coran et qui résistent à toute interprétation optimiste et féministe, et d'autres questions qui traversent ce texte. J'attends toujours sa réponse, et celle de ses compagnons.

Pourquoi demander à ceux-là précisément de répondre aux questions que se posent les musulmans sur l'islam et sa capacité à apporter à leur conscience les éléments qui apaiseraient leurs rapports à la modernité ? Parce que c'est des membres de la communauté musulmane, et plus encore de leurs leaders, que doivent venir les réponses. Les féministes, les démocrates, les laïcs depuis de longues années, un siècle parfois, ne cessent d'interroger cette religion et de se briser sur un mur d'hostilité. La pensée féministe n'a pu et ne peut libérer la pensée islamique du poids de la morale sexuelle qui la retient prisonnière. Nous n'en avons pas les moyens, ni nous, ni la pensée réformatrice laïque qui pointe timidement par intermittence dans le monde arabe. Cependant, nous continuons à interroger notre tradition religieuse ; nous ne pouvons tourner le dos à ceux qui se disent, ou qui sont dits, les leaders musulmans, même si la tentation est grande. Ce que nous faisons, ce que nous disons est un témoignage pour l'avenir. Comme le Petit Poucet, nous semons des cailloux blancs pour retrouver le chemin de la raison. Les féministes comme les démocrates et les laïcs ne peuvent pas prendre la place des *musulmans modérés* et de ceux qui s'expriment en leur nom. Le monde de l'Islam est suspendu dans le temps. Et ce n'est pas en Europe qu'il s'est mis en ordre de marche, quoi qu'on nous dise.

Post-modernisme ou antiféminisme

Ainsi, même s'il est clair qu'ils pervertissent, par peur ou par stratégie politique, les principes au nom desquels ils sont défendus par certains intellectuels occidentaux, les islamistes gagnent néanmoins du terrain grâce aux principes de la démocratie, de la laïcité, de la liberté de conscience, auxquels en Europe on attache un grand prix. Dans l'ensemble, ils soulèvent peu de protestations dans l'opinion publique, sauf quand certains de leurs membres troublent cette image rassurante qu'ils s'évertuent à donner. On dit alors : « Ce sont des fanatiques, il ne faut pas faire d'amalgames avec les islamistes modérés. » En réalité, ce sont de pauvres esprits nourris par la doctrine des *musulmans modérés*, par les prêches de savants universitaires encouragés par certains intellectuels et militants européens qui entretiennent leur bêtise fanatique. Tant et si bien qu'ils sont sincèrement convaincus d'être dans leur droit quand ils refusent de voir leur femme accouchée par des obstétriciens, ou sincèrement outrés comme cet homme qui demanda aux autorités communales d'une ville en Angleterre de faire obstruer les parois de verre d'une salle de gymnastique donnant sur une petite rue, et qui livraient aux regards des passants des corps de femmes en tenue de sport. Il ne s'agit pas de fanatisme isolé, mais d'un encadrement idéologique très efficace qui, parfois, dérape.

Et dans ces cas, encore, ils trouvent des défenseurs acharnés qui ne s'expriment jamais sur le fond, c'est-à-dire ici sur la ségrégation sexuelle, mais qui montent au créneau pour défendre la démocratie, la laïcité, la liberté, martèlent-ils à longueur d'émissions de télé, dans des opuscules, du haut des chaires d'université, dans les journaux, les revues, sur le Net. Quand je dis à l'un d'eux, dans une émission de la télévision française, que je trouvais difficilement acceptable qu'en France des hommes refusent que leur femme soit soignée par des hommes, il me répliqua que les Mormons en faisaient autant et que c'était leur choix. Je fus consternée et ahurie par la mauvaise foi de cet intellectuel français. Son âge me déroutait. J'arrivais encore à suivre, sans être d'accord, les positions culturalistes du vieux front anti-colonial, y voyant la marque de luttes anciennes, mais là je ne trouvais pas d'explication, sinon de renvoyer le tout à ce post-modernisme auquel nous faisons tous référence sans bien voir de quoi il retourne. Le post-modernisme, comme le post-colonial, avait le vent en poupe dans les universités. Mon jeune contradicteur devait être un représentant de ces modes, à moins que, tout simplement, il ne fût antiféministe. On évoque très rarement cette raison, alors que peut-être il ne faut pas chercher très loin dans l'histoire européenne les causes du succès des doctrinaires religieux musulmans. Cette histoire a été nourrie, et continue de l'être, par un antiféminisme caché, auquel le retour du religieux et la remise en cause des principes universalistes qui balisaient la pensée occidentale donnent une nouvelle vie. Et cela d'autant plus que les islamistes modérés, ces protégés de la diversité culturelle et de la liberté de conscience, s'ils prennent des précautions avec la laïcité ou la démocratie, ne contrefont pas leur pensée sur la question des femmes. Ils sont contre l'égalité des sexes, un point c'est tout. Ils puisent dans leur culture, disent-ils, une autre définition de l'égalité. Les Européens n'ont pas le monopole des concepts et des principes, ajoutent-ils avec assurance. Ce discours est de plus en plus accepté par des intellectuels européens, et jusque par certaines féministes. Consciemment ou inconsciemment, tacitement ou explicitement, leurs positions nourrissent un néo-antiféminisme qui se cache sous un discours de modernité autoproclamée. Cette déclaration de modernité touche chaque fois son but : on a si peur de vieillir, d'être dépassé, dans cette vieille et incertaine Europe.

De plus en plus nombreux, ces intellectuels et militants, féministes et autres, sont prêts, beaucoup l'ont déjà fait, à sacrifier sur l'autel de la modernité les principes des Lumières — trop abstraits pour saisir la diversité du monde, disent-ils doctement. Ils revendiquent la liberté comme héritage des Lumières, mais sans les principes qui l'ont fondée. Une amie féministe, philosophe, essayiste et professeur à l'université de Naples, m'a dit un jour : « Il n'y a plus de centralité, aujourd'hui la vérité du monde est dans la périphérie... » Elle et les anciens progressistes, issus des mouvements de 1968, oublient qu'en face d'eux la diversité et la liberté revendiquées ne sont que le masque d'une force centrifuge prête à absorber le monde dans toutes ses différences et à arracher les velléités de liberté, comme un typhon le ferait d'un parterre de fleurs des champs. Plus le contexte est *diversifié* et plus nous avons besoin de règles pour mettre *en dialogue* cette diversité du monde qui a toujours existé, mais qui est aujourd'hui à l'intérieur de chacun. Nous sommes devenus des intrus les uns pour les autres, les uns avec leur Orient intérieur et les autres avec leur Occident intérieur. C'est de là que doivent partir toutes nos interrogations sur l'identité de l'autre, sans perdre de vue « le ciel étoilé au-dessus de nous ».

Il est urgent de remettre à plat des principes que le temps a érodés et vidés de leur signification. Égalité en droit, laïcité, démocratie ne veulent plus dire grand-chose, même pour ceux qui s'y réfèrent. Au nom de ces principes, on peut maintenant aisément défendre une chose et son contraire. Il est de plus en plus difficile de se faire entendre. Les principes que nous défendons sont de plus en plus inaudibles, beaucoup pensent que

« l'Histoire est finie », alors que, plus que jamais, nous avons besoin de mettre nos pensées en ordre de marche devant la vague de la mondialisation qui déferle sur nous et menace de nous emporter.

Un scénario subtil

Hélas ! L'affaire semble avoir été conclue, et cela jusque dans les sphères politiques les plus hautes. J'ai eu l'occasion de rencontrer un de ces personnages qui commandent à notre présent et nous désespèrent, un haut représentant de la France, à l'occasion d'un de ses voyages en Algérie. J'ai été stupéfaite de l'entendre dire qu'il fallait abandonner l'idée de démocratie et parler de diversité. C'est la diversité qui permettra à toutes les religions de vivre ensemble, disait-il. Propos inquiétant dans la bouche d'un leader politique occidental... Je lui ai demandé, un peu vivement, s'il disait cela parce qu'il trouvait la rue algérienne folklorique. Je lui ai expliqué que, de mon point de vue, c'est la démocratie qui protège la diversité, non pas l'inverse. Inquiétante également sa définition de la laïcité : c'est, disait-il, le respect de toutes les religions. Il a fallu ici encore que je lui exprime mon désaccord : la laïcité, c'est d'abord et avant tout le respect de la liberté de conscience. C'est là, et seulement là, que réside la mission des États : garantir la liberté de conscience de tous. « Avec votre définition, monsieur, ai-je ajouté respectueusement, les plus laïcs en France, aujourd'hui, sont les islamistes. » Ce rapide échange avec l'homme politique français, et le lieu où il se passait, l'Algérie, les enjeux entre nos deux pays, n'ont fait que confirmer en moi l'idée que la mise en avant de la diversité obéit davantage à une volonté de vider les problèmes de leurs enjeux politiques que d'accéder à une reconnaissance des différences. Le discours de l'Europe sur la diversité n'est pas le signe d'une ouverture vers l'autre, ni de la volonté d'avoir un dialogue constructif avec les autres peuples, mais du désir de maintenir les frontières et d'avoir la paix. C'est un discours hygiénique et sécuritaire. Un discours qui considère d'abord les intérêts de l'Europe, quoi de plus normal, mais qui a aussi, hélas, des conséquences sur le devenir des pays du Maghreb.

Car, enfin, pourquoi s'attarder tellement sur l'islamisme européen, pourrait-on m'objecter, alors que la question de l'islamisme dans votre pays est tellement plus urgente ? Après tout, l'islam en France ne concerne qu'une minorité bien encadrée par des lois qui protègent les principes de la République solidement implantés dans la société française, principes que les atermoiements de la politique et d'une frange infime d'intellectuels ne peuvent pas mettre en péril.

Oui, pourquoi tant m'intéresser à ce qui se passe en France et en Europe ? Parce que le scénario que j'entrevois pour nos pays dépend en partie de ce qui se joue en France et dans les autres démocraties européennes. Ce que je crains le plus n'est pas le scénario catastrophe à l'iranienne, qui est depuis déjà de nombreuses années dans l'esprit de chacun : la possibilité d'être emportés par la déferlante islamiste qui enfle dans nos pays. Dans un tel scénario, les islamistes prendraient le pouvoir et remplaceraient les clans au pouvoir en place depuis les indépendances nationales, au Caire, à Alger, à Damas... Cette issue a déjà été plus d'une fois envisagée et décrite, elle est toujours une épée de Damoclès sur nos têtes, elle n'est pas exclue définitivement, elle continue à nourrir les rêves, les espoirs, voire les projets de groupes politiques religieux déterminés et d'autant plus redoutables qu'ils sont dans ces pays les seuls protagonistes politiques. Les démocrates et les féministes ne représentent rien dans les tractations obscures des pouvoirs en place. Une élite d'autant plus faible que l'exemple iranien la paralyse et lui fait accepter les pouvoirs installés. Une peur qui conditionne aussi les relations entre les États occidentaux et les nôtres.

Toute la politique internationale est tendue pour parer à l'éventualité de l'*iranisation* des pays arabes, et les pouvoirs en place dans les pays à majorité musulmane jouent de cette hantise, alors que nos pays ont opté, pour la plupart, et depuis plusieurs années maintenant, pour un *deuxième scénario*. Ce scénario, ils l'ont imaginé pour reprendre et corriger la politique de leurs prédécesseurs qui avaient, en apprentis sorciers, favorisé dès les années 1970 l'islamisation de la société pour étouffer les velléités démocratiques de leurs peuples. Les pouvoirs actuels ont hérité des séquelles de cette politique, sous forme de mouvements violents déterminés à les éliminer. Un scénario machiavélique travaillé à plusieurs mains qui vise à maintenir en place les pouvoirs existants, tout en intégrant les islamistes — les *islamistes modérés*. Sa réalisation serait aussi néfaste pour les femmes que le scénario à l'iranienne.

Les stratèges politiques, chez nous et en Europe, font le pari d'un islam modéré capable de s'intégrer aux systèmes politiques existants, aussi bien aux démocraties européennes qu'aux régimes des pays du Sud. Voilà pour quelle cause juste, noble et urgente on sacrifie aujourd'hui le désir de liberté et d'égalité des femmes dites arabes et musulmanes. Après les libérations nationales, les reconstructions nationales, il s'agit maintenant d'intégrer les islamistes. Et là, il n'est plus question d'attendre, comme on nous le demandait alors, quand on nous faisait espérer l'égalité après le développement, l'alphabétisation après le changement des mentalités... On nous demande aujourd'hui de nous plier à ces mentalités. Il s'agit, toute honte bue, de se rendre à l'évidence et d'accepter notre situation de subordonnées, au nom de la paix sociale, de la pérennité des régimes en place et du dialogue culturel international. En un mot, il s'agit de rendre les armes devant cet islam *modéré* qui fait ses classes en Europe.

Voilà pourquoi je vois avec effroi les pays occidentaux faire le lit des idées des fondamentalistes et devenir le laboratoire de normalisation des thèses identitaires et communautaristes. C'est pour cela que j'ai tenté tout le long de ces pages de dénoncer les manœuvres des *islamistes modérés* qui font profil bas et acquièrent sans difficulté un label de démocrates et de laïcs. Ils surfent avec aisance sur les vagues du post-modernisme. Le quitus que donnent certains intellectuels aux positions islamistes pèse lourd dans le projet d'*islamisation modérée* qui est, aujourd'hui, le seul projet politique que j'observe dans les pays du sud de la Méditerranée.

Déjà, nous mesurons les effets négatifs de l'influence des *islamistes européens et modérés* sur nos pays de l'autre côté de la Méditerranée. Un signe des temps à venir, la *mode* du voile chatoyant importée par les émigrées élégantes lors de leur séjour en Tunisie pendant les vacances d'été. Elles font des émules jusque dans les fiefs de la bourgeoisie bourguibienne, cossue et traditionnellement laïque, à Sidi Bou-Saïd, La Marsa ou

Gammarth, qui s'ouvrent lentement à ces mœurs. Ailleurs, des jeunes filles à Sfax ou à Tlemcen se passent amoureusement en boucle les cassettes de Amr Khaled, beau gosse, le buste bien pris dans un costume de serge grise, et se pâment devant ses émissions sur la chaîne Saudi Iqraa qui ont un taux d'écoute dépassant tous les espoirs d'un directeur de chaîne. Partageant avec lui les ferveurs féminines, et plus connu en Europe, aussi efficace que son compère oriental, l'*Occidental* Tariq Ramadan, dont les yeux d'amadou en ont séduit plus d'une, des deux côtés de la mer. En attendant de rencontrer leur idole, ces jeunes filles recluses ou non, dans nos villes, *s'instruisent* et se voilent. Pourtant, le beau prêcheur leur a donné l'*autorisation* de ne pas se voiler, si elles le désiraient.

Mais ceci est une broutille, un adjuvant pour faire passer le plus important, l'islamisation des pays du Sud à l'ombre des pouvoirs existants. Aux uns les fioritures arabo-islamiques, et au passage la consolidation de la morale sexuelle bédouine — ça arrange tout le monde —, aux autres, l'argent, le pétrole et le pouvoir. Les uns et les autres, embarqués dans le train de la modernité, avec aux commandes une belle femme voilée, un téléphone mobile à l'oreille, et dans le wagon de première un potentat islamiste avec ses quatre épouses. L'islamisation des sociétés a déjà pour effet un développement effarant de la polygamie. En Algérie de 1962 à 2004, la polygamie est passée de 1 à 5,8... Ce sont les chiffres que le représentant du gouvernement a donné aux Nations unies en janvier 2005, lors de la revue du rapport algérien sur l'application de la Convention sur l'élimination de toutes les formes de discriminations. Pleurez mes sœurs algériennes, et cette fois-ci dans la plus grande des solitudes car, de ce côté de la Méditerranée, en Europe, on ne vous entend plus.

Pourquoi n'avons-nous pas su garder vivantes les alliances d'hier, celles de la décolonisation, de la construction d'un monde de liberté ? Des alliances dont l'audace et le courage n'avaient d'égal que l'intelligence et le talent des femmes et des hommes qui s'y étaient engagés, musulmans ou pas, et que je découvrais sur les cimaises du MAMA à Alger. Nous allions changer le monde, souvenez-vous. Nous avions rêvé de faire de grandes choses ensemble. L'un sans l'autre, l'un contre l'autre, nous n'y arriverons jamais. À la fin de ce combat, vous pourrez toujours vous planquer dans vos pays forteresses où, après tout, on ne vit pas si mal. Mais pour nous ce sera trop tard. Nous nous retrouverons comme par le passé, face aux mêmes maux : le racisme, l'assujettissement, le désir forcené de dominer et d'asservir tout un peuple à une idée, une religion, à des intérêts privés, la réduction des femmes à leur rôle de procréatrices, l'ostracisme, la violence et la suppression de toutes les libertés, la tyrannie, le mythe de la communauté pure, l'ordre moral, la haine de l'étranger, le bannissement, cela s'appelait hier fascisme, colonialisme, aujourd'hui cela s'appelle fondamentalisme et islamisme modéré. C'est là que peut nous conduire cet islamisme européen dont vous vantez les mérites. Pensiez-vous qu'il pouvait y avoir des formes acceptables de colonialisme ou de fascisme qui auraient pu sauver ces régimes, comme vous semblez le croire pour les formes policées d'islamisme que vous accueillez en Europe aujourd'hui ? Vous nous dites, regardez la Turquie ! Mais que deviendrait, dans ce pays, le parti islamique au pouvoir s'il n'était pas sous le contrôle d'une armée qui a fait sa révolution kémaliste, laïque et républicaine ? Que feront, que font, les armées des autres pays musulmans de la Méditerranée où le pouvoir républicain est maintenant un pouvoir à vie et héréditaire ? Elles feront des *arrangements,* des accommodements pour conserver le pouvoir. Contre quoi et contre qui se feront ces *arrangements* ? Contre nos rêves de liberté. Alors ne vous étonnez pas que nous prenions de nuit des barques légères et meurtrières pour, dans une arrivée éternelle, accoster ces pays où nous sommes mal-aimées et que nous continuions à rêver à ces pays auxquels nous appartenons.

Le goût de la liberté

Rien ne m'empêchera de poursuivre cette idée de liberté que j'ai apprise dans la maison de mon père pendant les sombres années de la lutte pour l'indépendance de mon pays. La tolérance des uns et le racisme des autres, les discriminations à l'égard des jeunes musulmans de France, le mal-être des enfants du colonialisme, la prétendue *liberté* des jeunes filles de se voiler, le dialogue culturel et les alliances de civilisation, le post-colonialisme et le post-modernisme… sur tous ces sujets je poursuis, au nom de cette même liberté, la *querelle* sur l'égalité entre les hommes et les femmes dans laquelle je suis engagée, avec les islamistes, les musulmans modérés, les nationalistes identitaires et tous les autres. La *question* de savoir si les femmes sont des individus à part entière, libres et égales, est aujourd'hui plus que jamais en débat. Je ne cesse de la poser avec mes amies féministes maghrébines, car quelles que soient les améliorations de notre situation économique et sociale, nous restons *assujetties* à un ordre du monde que nous refusons.

La tâche du féminisme dans les pays musulmans, c'est d'abord de poser cette question radicale à l'ensemble de nos sociétés et, plus précisément, aux pouvoirs en place. Même si en réponse à nos luttes, contre les intérêts des pays qu'ils gouvernent, les tenants du patriarcat musulman jettent l'anathème sur nous. Car quotidiennement nous subissons l'ostracisme des dirigeants et responsables politiques qui nous excluent de la vie sociale et citoyenne, tout en feignant de faire droit à nos exigences : quelques petites réformes au Maroc et en Algérie, la mise en avant d'un féminisme d'État en Tunisie. Au sud de la Méditerranée, qui sème l'égalité et la liberté récolte la haine et la solitude. Certaines fatwas sont dissimulées et déguisées, mais aussi efficaces que celles lancées par les prêcheurs des mosquées. Pourtant, nous continuons et avec force, même si nous sommes désignées à la vindicte publique. Cette méthode d'émeutiers est chère aux islamistes qui l'utilisent dans tous les pays arabes pour pousser les États dans le sens d'une plus grande islamisation, États qu'ils trouvent encore trop conciliants avec ceux et celles qui résistent à leur rouleau compresseur.

Notre rencontre de féministes africaines, pendant le deuxième festival panafricain qui s'est déroulé à Alger en juillet 2009, a été vilipendée par la presse araboophone réactionnaire, « Ces femmes venues chez nous dénigrer nos traditions ! » Entendez nos traditions discriminatoires. La rage avait guidé la plume du journaliste, la rage devant la détermination des femmes à refuser d'être assignées à une identité de femmes musulmanes, et d'être maintenues dans les marges des sociétés patriarcales dans tous les pays africains, musulmans ou pas. Notre discours a été clair, plus de tergiversations, plus d'alibi nationaliste ni religieux. Mieux encore avons-nous dit : la condition des femmes africaines au nord et au sud du Sahara n'est pas le produit du sous-développement, ni même de l'absence de volonté des États, mais bien la marque d'une politique délibérée visant à maintenir en place les rapports de pouvoir dans ces sociétés.

Les femmes sont l'objet d'un pacte secret : donner le plein pouvoir aux hommes sur les femmes, plutôt que des droits démocratiques à tous les citoyens, quel que soit leur sexe, voilà le deal que les dirigeants ont passé avec les hommes de nos pays. Marché de dupes car, en fin d'analyse, ce sont les hommes aussi qui souffrent de cette situation.

C'était une belle rencontre, que notre rencontre de femmes africaines organisée par le Centre de recherches d'Oran, le CRASC, dirigé par Nouria Remaoun. Le savoir et l'expérience militante des participantes ont apporté la preuve que la pensée féministe est d'abord une pensée politique, et qu'elle est aujourd'hui la seule capable de renouveler l'analyse des dispositifs des pouvoirs autoritaires et leurs alliances, secrètes ou avouées, avec l'idéologie radicale religieuse.

Dans cette bataille, tous les signes, tous les discours ont du poids, jusqu'au voile le plus léger. Être pour ou contre cette pratique est fondamental. Il ne s'agit pas ici d'une position intime, religieuse, de l'expression souveraine d'une liberté de conscience — ce que l'on voudrait nous faire accepter afin de nous interdire toute discussion —, mais d'une décision qui s'inscrit dans l'espace public et politique. Et c'est sur ce plan que nous entendons placer le débat. Parler du voile, c'est parler de la morale sexuelle, de l'éros musulman pour le dire comme Latifa Lakhdar, qui sous-tend le patriarcat dans nos pays. La pratique de voiler les femmes, pour quelque raison que ce soit, est une décision qui me concerne, moi et toutes les femmes. Le choix ou la liberté de ces jeunes filles de se voiler ne peut pas m'empêcher de continuer à mener la querelle de l'égalité. Se voiler aujourd'hui est s'inscrire dans un débat public et politique, celui que nous, féministes arabes, continuons à mener avec elles, les jeunes filles voilées, et avec vous, les féministes et les intellectuels européens relativistes. Un débat sans préjugés, mais sans tabous, et surtout pas le tabou religieux.

Il ne s'agit pas d'un débat stérile ou d'une passion intellectuelle qui se justifierait pour elle-même. Si nous voulons mobiliser un grand nombre de femmes, celles qui restent intimement liées au culte musulman et à l'Islam, et c'est leur droit le plus absolu, pour changer les lois, promouvoir la laïcité, il nous faut dévoiler la morale sexuelle qui se dissimule à travers des signes, des représentations et des allégations religieuses. Cette imposture s'inscrit dans la vie des hommes et des femmes musulmans suivant un dispositif dont le voile est la pièce maîtresse. Ces travestissements sont d'autant plus nocifs et faciles à répandre qu'ils s'adressent à des peuples maintenus dans l'ignorance, la pauvreté, la violence, tous ces maux qui se sont amoncelés sur nos pays libérés du colonialisme, mais non d'eux-mêmes. Ces maux s'alimentent les uns les autres, s'inscrivant sans distinction et avec la même cruauté sur le corps des femmes.

Souvent j'entends dire que le combat féministe dans les pays du Sud ne tient pas compte des réalités. On nous encourage à prendre les choses par le social, c'est-à-dire l'éducation, la santé, l'autonomie économique, on nous conseille de laisser de côté, provisoirement, la question de la liberté, et même celle de l'égalité. On nous demande de tenir compte des *mentalités*. Les mentalités ! Le mot est lâché. Nous voilà revenus à l'identité car, en évoquant les mentalités, c'est à *notre* identité que l'on veut nous renvoyer. Moi aussi j'ai longtemps cru aux mentalités. Jeune avocate à Alger, quand j'interpellais mes amis, jeunes révolutionnaires — tout était jeune en Algérie en ce temps-là — sur leur absence de volonté politique sur la question des femmes, ils me disaient toujours : « Tu n'es pas comme les autres, tu ne connais pas la mentalité du peuple algérien. » Pour eux j'étais déjà l'*innommée*. J'ai cru aux mentalités comme à beaucoup d'autres choses que l'on disait dans ces temps marxistes, socialistes et révolutionnaires, jusqu'au jour où dans un colloque à Sanaa au Yémen, une jeune fille recouverte d'une burka noire qui la dissimulait jusqu'au bout des ongles, leva la main pour dire : « Les mentalités, ça n'existe pas ! » Elle répondait au professeur d'histoire yéménite qui venait de faire un exposé long et fleuri sur la reine de Saba, et qui, à ma question, agacée, sur la situation des femmes de son pays aujourd'hui, face à une salle composée exclusivement de jeunes filles toutes en noir, voilées et invisibles, avait bredouillé : « Il faut tenir compte des mentalités. » *Exit* les mentalités.

On va jusqu'à nous reprocher, certains intellectuels européens aussi, d'être attachées au féminisme laïc et universaliste. Devant les difficultés et la solitude de plus en plus grande dans laquelle nous nous trouvons, nous nous interrogeons aussi : le féminisme laïc a-t-il épuisé son rôle historique dans nos pays musulmans ? C'est une question douloureuse, tant elle remet en question notre attachement au principe de l'universalité qui seul peut nous aider à comprendre qui nous sommes, nous, femmes musulmanes, féministes et laïques. C'est la question que nous nous sommes posée lors de la création du Mouvement pour l'égalité (el Musawah) qui réunit son premier congrès en Malaisie le 14 février 2009. Quatre cents femmes étaient venues de pays musulmans, ou de minorités musulmanes, de tous les continents. Précisons tout de suite qu'il ne s'agit pas de féminisme islamique, ce mouvement aberrant qui a pris naissance en Europe, animé par des converties espagnoles à partir de Barcelone, et que nous combattons très fermement. Le féminisme islamique s'enfonce dans l'Islam où il essaie de trouver quelques droits, sinon de la dignité pour les femmes. La dignité dans la subordination! En Malaisie, c'était un tout un autre discours qu'ont tenu les femmes du Mouvement pour l'égalité et parmi elles une imame, la New-Yorkaise Amina Wadud : « Nous sommes musulmanes *et* nous exigeons l'égalité. Nous n'acceptons plus une interprétation de la religion qui sacralise notre domination par les hommes. »

Nous nous trouvions devant une nouvelle alternative : faut-il continuer à récuser notre assignation à une identité religieuse ou la revendiquer pour pouvoir avancer? À la question de savoir si le féminisme laïc a rempli son rôle historique et doit laisser la place au féminisme musulman, nous n'avons pas trouvé de réponse assez convaincante pour nous faire changer de conviction. Avec Sanna Ben Achour, la présidente de l'Association tunisienne des femmes démocrates de Tunisie, nous répondons par une autre question : *le féminisme musulman a-t-il plus de chances?* Ici, je ne serais pas radicalement négative comme certaines, pour ne pas couper la route à un espoir, si petit soit-il. Nous ne sommes pas de trop dans ce combat pour la liberté. Mais la difficulté pour celles qui décident de rester à l'intérieur, c'est de préserver leur autonomie dans un ensemble dont l'ambiguïté n'échappe à personne. Les femmes qui se sont réunies en Malaisie semblent claires sur ce point, elles ont pris la distance nécessaire avec la religion en choisissant de s'appeler Mouvement pour l'égalité sans aucune référence identitaire, ni communautaire. Attendons donc de voir ce que fera ce *bien nommé* mouvement avant de répondre. Quant au féminisme universel et laïc, je continue d'être persuadée qu'il n'a pas épuisé son rôle historique dans nos pays. La laïcité — et le féminisme laïc par voie de conséquence — est une attitude philosophique qui tire sa doctrine de la liberté de pensée et de la liberté de croyance ; elle est seule capable d'opérer le renversement des modes d'asservissement et de domination des idées et des personnes véhiculés par la religion islamique, comme par toutes les religions. Un renversement profond et durable, et nécessaire, sans quoi tout progrès est précaire, comme nous l'avons vu à travers des exemples très concrets. Longtemps, je me suis servie du titre d'un film allemand pour définir notre pensée féministe, comme toute pensée éthique et politique, tel que je la concevais : *En cas de grand danger, le chemin du milieu mène directement à la mort.* Comme l'islamisme modéré aujourd'hui. Nous ne pouvons pas faire l'économie d'une rupture avec l'ordre du passé. Est-ce parce que Bourguiba n'a pas assumé jusqu'au bout la rupture avec l'ordre religieux qu'aujourd'hui, et malgré la modernité évidente du code tunisien de 1956, la situation des femmes tunisiennes est soumise à un *backlash,* pour reprendre ce mot des années 1990 qui décrivait la régression de la condition des femmes en Amérique et qui était emprunté au vocabulaire des armes à feu ?

Tous les jours, le rêve universaliste se fracasse sur les images de la diversité, et cette diversité, qui était un espoir, est devenue un cauchemar. J'ai passé beaucoup de temps, en France, en Italie, en Espagne, à essayer de convaincre, dans des débats avec certaines féministes de ces pays (pas toutes je le répète) de la nécessité urgente de récuser le discours religieux et culturaliste pour justifier la domination des femmes dites musulmanes, et cela, non seulement comme position personnelle, ce qu'elles m'accordent bien volontiers — à leurs yeux je suis un transfuge du monde occidental —, mais comme principe d'action qui fonde mon rôle et ma place dans ma société. En vain. Certains droits qu'elles avaient déclarés inaliénables, comme le droit à la liberté, le droit à l'égalité, sont brusquement devenus conjoncturels. Ce qui est bon pour elles ne le serait plus pour nous. À mes questions, je n'ai reçu que rarement de réponse, et c'est en vain que j'essaye de les entraîner sur le terrain du débat féministe. Le droit de penser serait-il aussi le privilège de l'Occident ? À leurs interrogations, leurs doutes, ces féministes n'attendent pas de réponse de ma part, elles cherchent ailleurs, elles vont interroger les femmes voilées, les jeunes filles en colère, les Féministes indigènes, les Féministes islamiques. À mon égard, leur opinion est faite, je ne dis rien qu'elles ne sachent déjà, et pour cause : nous avons appris à lire dans les mêmes livres. Ma parole a peu de prise sur leur pensée. Non seulement, j'affiche un habitus semblable au leur ou, du moins, sans caractéristiques notoires, mais, de plus, je réclame qu'elles *pensent* la condition des femmes de mon pays comme elles *pensent* la leur.

Faut-il dire, à bout d'arguments : « On ne naît pas musulmane, on le devient » pour qu'elles me voient, et toutes les autres femmes musulmanes, dans la nudité de notre être ? L'entendent-elles, les filles de Beauvoir ? Elles semblent frappés d'amnésie, elles ne reconnaissent pas en nous les combats qu'elles ont menés en leur temps. S'agit-il d'ailleurs d'amnésie ou d'ethnicisme ? Qu'importe, le résultat est qu'en adoptant cette position, ces intellectuelles et intellectuels, de gauche pour la plupart, nos amis d'hier, se réservent le privilège de l'Histoire et nous condamnent à re-sucer notre culture. Sous leur regard, nous ne pouvons que nous perpétuer dans *notre* essence immuable. Et, pour solde de tout compte, ils nous accueillent en leur sein, puisque nous leur ressemblons tant. Ainsi, ils nous condamnent à l'alternative d'être *hors eux*, dans un monde qui ne fonctionne pas sur les mêmes critères que le leur, ou *dans* leur monde, assimilés à eux. C'est aussi le choix qui est laissé aux jeunes désespérés qui prennent la mer, la nuit, sans la moindre certitude, pour rejoindre les côtes européennes, et aux terroristes. Tuer l'autre ou disparaître dans l'autre, si ce n'est dans la mer. Une manière tragique de décliner l'alternative construite par la pensée occidentale.

Et, nous, féministes des pays dits arabo-islamiques aujourd'hui *innommées* pour les uns et *innommables* pour les autres, rejetées par ceux de notre camp comme étrangères, et invisibles à vos yeux, nous sommes condamnées à la solitude. Très gentiment vous proposez de nous héberger comme on accueille des transfuges. Merci pour celles et ceux qui sont en danger. À ceux qui me regardent avec commisération, je voudrais dire que je ne m'enferme pas dans la nostalgie d'un temps qui serait périmé ou qui n'aurait pu exister que sous la férule des colonisateurs. La lutte des femmes pour leur égalité et leur liberté comme la lutte de tous pour la démocratie, même s'il est difficile de les distinguer clairement sous la profusion des images d'une actualité dévorante et *spectaculaire*, font partie de notre *identité*, de notre histoire, celle d'hier, celle à venir, et du présent de ces pays auxquels nous appartenons.

REMERCIEMENTS

Plus que de remerciements, ici c'est la reconnaissance d'une dette envers mes amies féministes maghrébines, Latifa Lakhdar dont on aura vu la place qu'elle occupe dans cette réflexion, Khadidja Chérif, Sanna Ben Achour, ainsi que toutes mes amies du Collectif Maghreb Égalité pour les longues années de travail commun. Je ne peux les citer toutes, elles se reconnaîtront dans ces pages. J'espère qu'elles ne se sentiront pas trahies, car mon ambition a été, plus que d'exprimer des pensées et des convictions personnelles, de rendre hommage à notre travail collectif. Je remercie aussi Isabelle Philippe pour la lecture de ce texte à ses tout débuts, et enfin Liliane Kandel à Paris, et Faïka Médjaeed à Alger, pour le soutien constant qu'elles m'ont apporté dans les allers-retours de ma réflexion entre ces deux villes où se tisse ma vie nomade.

12 août 2009

*Achevé d'imprimer
par l'Imprimerie Floch
à Mayenne, le 2 février 2010.
Dépôt légal : février 2010.
1er dépôt légal : octobre 2009.
Numéro d'imprimeur : 75812.*

ISBN 978 2 07 012727-6/Imprimé en France.

175455